Bechheim • Trainingshilfen

Yvonne Bechheim

Erfolgreicher Sportunterricht mit Trainingshilfen

111 Beispiele für eine vielfältige Stundengestaltung

Limpert Verlag Wiebelsheim

Die Ratschläge in diesem Buch sind von der Autorin und dem Verlag sorgfältig erwogen und geprüft worden, dennoch kann keine Garantie übernommen werden. Eine Haftung der Autorin bzw. des Verlages und seiner Beauftragten für Personen-, Sach- und Vermögensschäden ist ausgeschlossen.

Bibliografische Information der Deutschen Nationalbibliothek
Die Deutsche Nationalbibliothek verzeichnet diese Publikation in der Deutschen Nationalbibliografie; detaillierte bibliografische Daten sind im Internet über http://dnb.d-nb.de abrufbar.

1. Auflage 2010
© 2010, by Limpert Verlag GmbH, Wiebelsheim
www.verlagsgemeinschaft.com

Das Werk einschließlich aller seiner Teile ist urheberrechtlich geschützt. Jede Verwertung außerhalb der engen Grenzen des Urheberrechtsgesetzes ist ohne Zustimmung des Verlages unzulässig und strafbar. Dies gilt insbesondere für Vervielfältigungen auf fotomechanischem Wege (Fotokopie, Mikrokopie), Übersetzungen, Mikroverfilmungen und die Einspeicherung und Verarbeitung in elektronischen und digitalen Systemen (CD-ROM, DVD, Internet, etc.).

Fotos: Yvonne Bechheim
Satz/DTP: EBV Bruckmayer, Niederaichbach
Druck und Verarbeitung: M.P. Media-Print Informationstechnologie GmbH, Paderborn
Printed in Germany/Imprimé en Allemagne
ISBN 978-3-494-7853-1799-0

Inhalt

Einleitung 7

1. Was sind Trainingshilfen? 8

2. Hilfen und Erleichterungen 9
   2.1 Schaumstoffblöcke 9
   2.2 Koordinationsleiter 11
   2.3 Hütchen 12
   2.4 Reifen 14
   2.5 Markierungsteller 15
   2.6 Slalomstangen 17
   2.7 Mini-Hürden 18

3. Spezielle motorische Grundeigenschaften 20
   3.1 Konditionelle Fähigkeiten 20
         3.1.1 Schnelligkeit 21
         3.1.2 Ausdauer 21
   3.2 Koordinative Fähigkeiten 23
         3.2.1 Reaktionsfähigkeit 25
         3.2.2 Orientierungsfähigkeit 25
         3.2.3 Rhythmusfähigkeit 25

4. Methodische Vorgehensweise 26

5. Trainingshilfen in der Praxis 28
   5.1 Reaktions- und Schnelligkeitsschulung 29
   5.2 Orientierungsschulung 36
   5.3 Ausdauerschulung 42
   5.4 Rhythmusschulung 53

6. Trainingsgestaltung und Stundenbilder 63
   6.1 Stundenbilder 73
   6.2 Variationen und kreatives Handeln 102

Literaturverzeichnis 104

Einleitung

Dieses Buch will Sportlehrern und Trainern bei der Stunden- und Trainingsplanung Unterstützung und Hilfe anbieten. Mit zahlreichen Übungsbeispielen und Stundenbildern gibt es vielfältige Anregungen zur Unterrichtsgestaltung.

Es handelt sich um verständlich aufgebaute Trainingsübungen, die in Schule und Verein leicht Anwendung finden. Die eingesetzten Trainingshilfen sind gängige und handelsübliche Geräte und Materialien, die zur Grundausstattung einer Sporthalle oder eines Sportvereins gehören.

Durch die Trainingshilfen lassen sich die motorischen Grundeigenschaften wie zum Beispiel Schnelligkeit, Ausdauer und Reaktionsfähigkeit gezielt verbessern. Gerade die Schulung der koordinativen und konditionellen Fähigkeiten ist elementarer Bestandteil jedes modernen und leistungsorientierten Trainings.

Vor allem der vielseitige Einsatz von Geräten macht einen abwechslungs- und erfolgreichen Unterricht aus.

Die Übungsbeispiele und Stundenausarbeitungen sind sportartübergreifend ausgerichtet. Sie wurden so konzipiert, dass mit wenig Vorbereitungs- und Aufbauaufwand klar strukturierte Sportstunden durchgeführt werden können.

Alle vorliegenden Übungseinheiten können sowohl von langjährigen und geübten Lehrern und Übungsleitern, als auch von Neueinsteigern und motivierten Eltern abgehalten werden.

1. Was sind Trainingshilfen?

Der Begriff Training bezeichnet allgemein eine Maßnahme, die auf Verbesserung und Erhaltung der Leistungsfähigkeit ausgerichtet ist. Trainingshilfen helfen, einen zielgerichteten und planmäßigen Übungsprozess auszurichten. Als Trainingshilfen werden alle kleinen und großen Geräte und Materialien bezeichnet, die beim Erlernen und Verfestigen von Bewegungsausführungen den Übungsprozess unterstützen. Das Angebot ist inzwischen groß und reicht von Slalomstangen, Übungshürden, Koordinationsleitern und Schaumstoffblöcken bis hin zu Markierungshilfen verschiedener Art.

Trainingshilfen haben in vielen Sportarten ihre Anwendungsmöglichkeiten. Sie sind nicht nur zur Durchführung des Trainings notwendig, sondern dienen auch der Erhöhung der Motivation.
Die Trainingshilfen bieten unbegrenzte Anwendungsmöglichkeiten. Sie bringen Abwechslung in den Trainingsbetrieb und haben einen hohen Aufforderungscharakter. Gerade bei Kindern sollten die Trainingseinheiten vielseitig gestaltet werden, und durch ständige Variationen die Motivation und Freude erhalten bleiben.

Ziele der Trainingshilfen

- Kondition und Koordination zu verbessern
- Abwechslung in den Übungsbetrieb zu bringen
- Kinder und Jugendliche zu motivieren
- Vielfältiges Training anzubieten
- Leistungsbetontes Training auszurichten
- Veränderung der Bewegungsrichtung
- Variation des Bewegungstempos
- Beidseitiges Üben

2. Hilfen und Erleichterungen

Folgende Trainingshilfen sind für ein systematisches und zielgerichtetes Training unverzichtbare Wegbegleiter. Sie sollten in keiner Sporthalle oder Sportverein fehlen, da mit ihnen sowohl konditionelle als auch koordinative Leistungsfaktoren trainiert werden können.

2.1 Schaumstoffblöcke

Schaumstoffblöcke werden, wie der Name schon sagt, aus PE-Schaumstoff hergestellt. Meistens werden sie in mehreren Farben geliefert. Mit ihren vielfältigen und motivierenden Einsatzmöglichkeiten bieten sie eine große Hilfe für einen herausfordernden und interessanten Unterricht bzw. für eine effektive Vereinsstunde. Bereits durch die Maße 5 cm x 15 cm x 8 cm eröffnen sie eine Vielzahl von Einsatzmöglichkeiten. Sie bieten sich als Konditions- und Koordinationsgeräte, Organisationshilfen, Hindernisse, Rhythmushilfen und vieles mehr an. In der Regel ist der Multifunktionsstein mit durchbohrten Löchern versehen. Daher können sie durch Verbindungsstecker miteinander verbunden werden und beliebig zu kleinen und großen Hindernissen zusammengesetzt werden.

Die Schaumstoffblöcke geben in der Querrichtung nach und sind in der Längsrichtung stabil. Somit sind sie leicht, stabil und ungefährlich, was ein verletzungs- und angstfreies Trainieren möglich macht. Sie werden allen Phasen des Unterrichts gerecht: der Aufwärmphase, der Erarbeitung von technischen und konditionellen Inhalten sowie dem Stundenausklang.

Vorteile

- Leicht zu transportieren
- Überall aufzustellen
- Fordern zum Überlaufen heraus
- Wichtige Hilfe für die Schulung koordinativer Fähigkeiten
- Bauen die Angst ab, weil sie kein starres Hindernis darstellen
- Bieten vielfältige methodische Möglichkeiten
- Haben einen hohen Aufforderungscharakter
- Steigern die Motivation

Nachteile

- Anschaffungskosten relativ hoch

Übungen

Aufstellungsform A

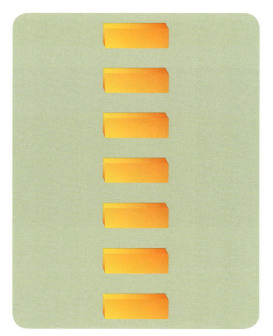

Aufstellungsform B

- Laufen über die Schaumstoffteile
- Beidbeiniges Springen über die Schaumstoffteile
- Einbeiniges Springen über Schaumstoffteile
- Wechselseitiges einbeiniges Springen (links-links-rechts-rechts)
- Hopserlauf über Schaumstoffblöcke
- Kombinierte Übungen

2.2 Koordinationsleiter

Die Koordinationsleiter ist ein wichtiges Instrument, mit dem die Körperbeherrschung optimiert werden kann und die Grundlage der Koordination geschult wird. Das leiterähnliche Übungsgerät besteht in den meisten Fällen aus Kunststoff. Wie eine Leiter ist sie aus zwei Leitstangen zusammengesetzt, die durch einzelne Sprossen miteinander verbunden sind. Die Leiter muss aus einem robusten wetterfesten Material bestehen, da sie einer intensiven Nutzung Stand halten soll. Unterschieden werden die einzelnen Koordinationsleitern vor allem in der Länge und der Anzahl der Sprossen. Sinnvoll ist es, eine Länge zwischen 6 und 8 Metern zu wählen, da dadurch ein zielgerechtes Üben gewährleistet ist. Eine Koordinationsleiter sollte flache Sprosse besitzen, damit Störungen durch zu hohe Bauteile verhindert werden und das Risiko einer Verletzung vermindert wird. Die Sprossen bilden Felder, die etwa 40 cm x 35 cm groß sind.

Den Ursprung hat die Koordinationsleiter in den US-Sportarten Football und Baseball. Sie kann aber so gut wie in jeder Sportart genutzt werden.

Es gibt unzählige Schritt- und Sprungreihen für die Koordinationsleiter. Gerade Kinder lassen ihrer Phantasie freien Lauf und denken sich immer wieder etwas Neues aus. Der Lehrer sollte die Abläufe selbst beherrschen, da mit Worten die Übung oftmals nicht beschrieben werden kann und sie daher demonstriert werden muss.

Tipps

- Nicht überfordern
- Mit einfachen Bewegungsabläufen beginnen, dann den Schwierigkeitsgrad steigern
- Temposteigerungen
- Auf korrekte Ausführung achten

Übungen

- Durchlaufen der Leiter
- Doppel-Schritt durch die Leiter (nacheinander mit beiden Füßen in ein Feld treten)
- Rückwärts Laufen durch die Leiter
- Seitwärts Laufen (zwei Fußkontakte in jedes Feld)
- Anfersen während des Durchlaufens
- Beidbeiniges Springen vorwärts
- Beidbeiniges Springen rückwärts
- Beidbeiniges Seitwärts springen
- Hampelmann
- Hopserlauf durch die Leiter
- In und Outs durch die Leiter (der rechte oder linke Fuß wird neben das Feld gesetzt, parallel dazu macht der gegenüberliegende Fuß das gleiche auf der anderen Seite. Danach steigt man ein Feld weiter oben wieder in die Leiter ein).

2.3 Hütchen

Die vielseitig einsetzbaren Hütchen bestehen aus einem bruchfesten Kunststoff. Sie sind wetterunempfindlich und somit in Sporthallen und Außenanlagen gleichermaßen nutzbar. In der Regel sind sie in mehreren Farben und Größen erhältlich. Innen ist das Hütchen hohl und an der Spitze abgerundet, so dass man sich nicht verletzen kann. Mehrere Hütchen sind gut stapelbar und damit platzsparend unterzubringen. Hütchen dienen nicht nur zur Abgrenzung und Markierung, sondern finden ihren Einsatz im Sprint-ABC, Schnelligkeits-, Ausdauer- und Koordinationstraining.
Vorteilhaft für den Übungsbetrieb ist eine Höhe von ca. 40 cm.

Übungen

Aufstellungsform A

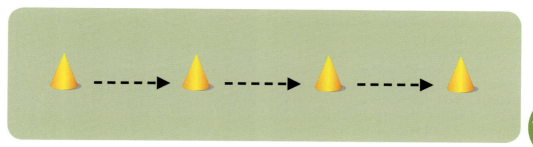

- Vorwärts laufen – rückwärts laufen – vorwärts laufen
- Rückwärts laufen – vorwärts laufen – rückwärts laufen
- Skippings – Kniehebelauf – Skippings
- Kniehebelauf – Skippings – Kniehebelauf
- Stepphüpfen – Hopserlauf – Stepphüpfen
- Hopserlauf – Stepphüpfen – Hopserlauf
- Anfersen – Kniehebelauf – Anfersen
- Skippings – Kniehebelauf – Anfersen

Aufstellungsform B

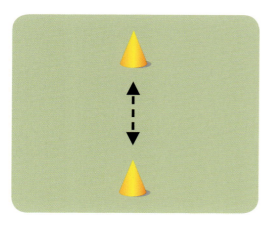

- Alle Übungsformen können auch als Wettbewerbsform durchgeführt werden
- 5 x Vorlaufen – um das Hütchen herum – zurücklaufen
- 5 x Vorlaufen – Hütchen mit der Hand berühren – rückwärts laufen
- 5 x Hopserlauf zum Hütchen – Hütchen berühren – rückwärts Hopserlauf
- 5 x Skippings zum Hütchen – Hütchen berühren – rückwärts Skippings
- 5 x Seitgalopp zwischen den Hütchen

2.4 Reifen

Reifen gehören zu den Sportgeräten, die nicht wegzudenken sind bei der Grundausstattung eines Übungsbetriebes. Sie zählen zum Repertoire für das Üben von körperbetonten Bewegungsaufgaben, die sowohl schwierig als auch eher spielerisch sein können. Vor allem koordinative Fähigkeiten können durch den Einsatz von Reifen verbessert werden. Reifen können aus Holz oder buntem Kunststoff bestehen. Empfehlenswert sind Kunststoffreifen, da sie bruchsicher und wetterfest sind. Holz kann leichter beschädigt werden und dadurch kommt es schnell zu Schnittverletzungen oder es kann sich ein Splitter in die Haut setzen. Beim Kauf ist darauf zu achten, dass der Reifen leicht und flach ist. Es muss eine schlagfeste Ausführung sein und die Stoßstellen sollten verschweißt sein. Eine empfehlenswerte Größe ist 70 bis 80 cm Durchmesser.

Übungen

Aufstellungsform A

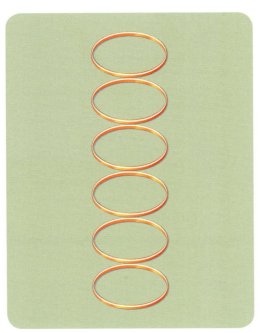

Aufstellungsform B

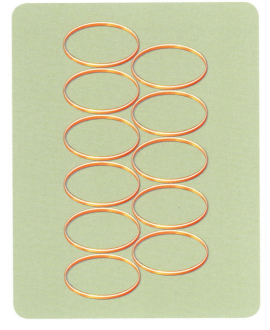

Aufstellungsform A

- Abstände variieren (30 cm, 60 cm, 90 cm)
- Vorwärts durch die Reifen laufen
- Rückwärts durch die Reifen laufen
- Beidbeinige Schlusssprünge
- Einbeiniges Springen vorwärts
- Einbeiniges Springen rückwärts
- Wechselseitiges einbeiniges Springen (rechts – rechts – links – links)

Aufstellungsform B

- Linker Fuß in die linken Reifenreihe und den rechten Fuß in die rechte Reifenreihe
- Vorwärts laufen
- Rückwärts laufen
- Skippings
- Kniehebelauf
- Anfersen

2.5 Markierungsteller

Markierungsteller sind flache Scheiben mit einem Loch in der Mitte. In der Regel gibt es sie in verschiedenen Farben. Ihr Durchmesser beträgt ca. 19 cm und sie sind ca. 5 cm hoch. Meistens erhält man sie aufeinander gestapelt auf einem stabilen Ständer und Transporthalter. Empfehlenswert ist ein Set mit 40 Stück.
Die Markierungsteller sind aus flexiblem Kunststoff und sind somit sehr biegsam und belastbar. Sie sind schnell ausgelegt und benötigen nur geringsten Platzbedarf beim Lagern.
Die Markierungsteller sind nahezu für alle Trainingszwecke geeignet. Schnell kann ein Feld oder Laufweg markiert werden. Somit eignen sie sich besonders gut für das Schnelligkeits- und Ausdauertraining.

Übungen

Aufstellungsform A

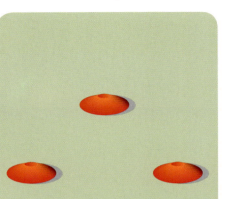

Aufstellungsform B

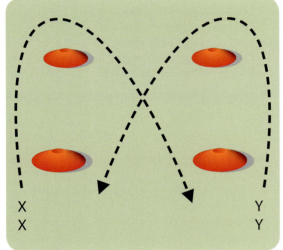

Aufstellungsform A

- Dreiecksprint mit Tempowechsel (schnell – ruhig – schnell)
- Verfolgungssprint (jeweils ein Schüler an einem Markierungsteller. Wer holt den Anderen innerhalb von 5 Runden ein?)

Aufstellungsform B

- Quadrat-Lauf (Die Athleten sind in zwei Gruppen aufgeteilt. Zuerst wird gerade und dann diagonal zum Startpunkt der anderen Gruppe gelaufen.)
  - Laufen
  - Hopserlauf
  - Anfersen
  - Stepphüpfen
  - Kniehebelauf
  - Laufen mit gestreckten Beinen
  - Rückwärts laufen
  - Sprunglauf
  - Skippings
  - Oberschenkelarbeit (zweimal linken Oberschenkel anreißen, dann zweimal rechten Oberschenkel anreißen)

2.6 Slalomstangen

Slalomstangen bekommt man im Fachhandel entweder mit Standfuß oder mit einer Metallspitze zum Einstecken in den Boden. In der Regel bestehen sie aus Kunststoff und haben eine Länge von 180 cm.
Sie eignen sich ideal zum Trainieren der Beweglichkeit und Bewegungskoordination. Sie sind für alle Altersstufen geeignet und lockern jedes Training auf.

Übungen

Aufstellungsform A

Aufstellungsform B

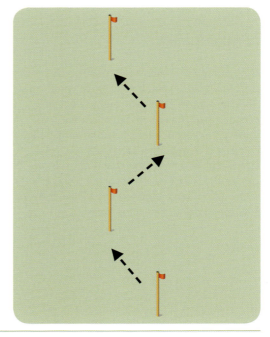

Aufstellungsform A

- Slalomlaufen vorwärts
- Slalomlaufen rückwärts
- Hopserlauf um die Stangen vorwärts
- Hopserlauf rückwärts
- Skippings vorwärts
- Skippings rückwärts
- Kniehebelauf vorwärts
- Kniehebelauf rückwärts
- Anfersen vorwärts
- Anfersen rückwärts
- Stepphüpfer vorwärts
- Stepphüpfer rückwärts

Aufstellungsform B

- ➢ Die Abstände vergrößern sich jeweils um zwei Meter (2 m, 4 m, 6 m, 8 m usw.)
- Schnelle Sprints von Stange zu Stange
- Abwechselnd Sprint vorwärts – Sprint rückwärts
- Verfolgungssprints I (der Nächste startet mit einer Stange Abstand)
- Verfolgungssprint II (der Nächste startet mit einer Stange Abstand – Vorläufer muss vorwärts – rückwärts – vorwärts usw. laufen und der Verfolger läuft nur vorwärts)

2.7 Mini-Hürden

Mini-Hürden bestehen aus bruchfestem Kunststoff und sind schon ab einer Höhe von 10 cm Höhe im Handel erhältlich. Sie sind bestens geeignet zum Trainieren der Beinarbeit, der Lauftechnik, der Schnelligkeit und zur Schulung komplexer Bewegungsabläufe.
Sinnvoll ist es, ein Set mit 6 Hürden zu besitzen. Optimal ist eine Höhe von 20 bis 25 cm. Da es bei den Hürden enorme Preisschwankungen gibt, lohnt sich ein Blick ins Internet.

Übungen

Laufen über die Mini-Hürde
- Beidbeiniges Springen über die Mini-Hürde
- Einbeiniges Springen über Mini-Hürde
- Wechselseitiges einbeiniges Springen (links-links-rechts-rechts)
- Kombinierte Übungen

Raum für eigene Ideen und Anmerkungen

3. Spezielle motorische Grundeigenschaften

Die motorischen Grundeigenschaften stellen eine zentrale Leistungsvoraussetzung für das Erlernen und Durchführen von sportlichen Bewegungshandlungen dar.

Sie lassen sich in konditionelle und koordinative Fähigkeiten sowie die Beweglichkeit unterteilen.

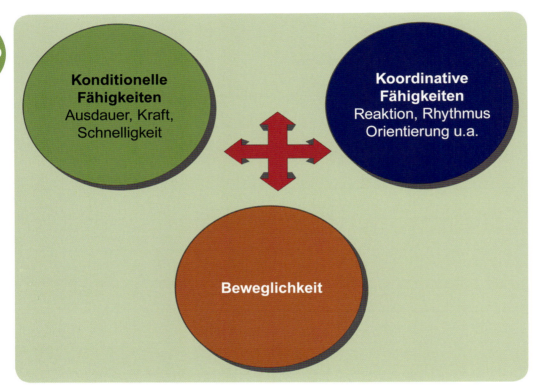

Die konditionellen Eigenschaften beruhen vor allem auf energetische Prozesse, während die koordinativen Eigenschaften überwiegend auf zentralnervöse Steuerprozesse zurückgreifen. Die Beweglichkeit beinhaltet sowohl koordinative als auch konditionelle Faktoren.
Im Allgemeinen stellen die konditionellen Fähigkeiten und die Beweglichkeit die Basis für die Ausbildung der koordinativen Fähigkeiten dar.
In der sportlichen Praxis treten die konditionellen Eigenschaften nicht in Reinform auf, sondern in einer Mischform wie z.B. Schnelligkeitsausdauer oder Schnellkraft.

3.1 Konditionelle Fähigkeiten

Die drei konditionelle Fähigkeiten sind: Kraft, Schnelligkeit und Ausdauer. Geprägt werden sie einerseits durch angeborene Gegebenheiten andererseits durch die motorische Entwicklung. Zusammen mit den koordinativen Fähigkeiten bilden die konditionellen Fähigkeiten wiederum die Grundlage für das Erlernen von Bewegungsfertigkeiten. Es besteht also eine Wechselwirkung.

Sie haben die Wahl!

1. Sie bestellen ein **kostenloses, aktuelles Testheft**

   oder

2. Sie entscheiden sich für ein besonders günstiges **Mini-Abo** über **zwei aktuelle Doppelhefte** (4 Ausgaben) für **nur € 9,95** inkl. Porto. Als "Dankeschön" erhalten Sie das Poster "Fitness-Studio Sporthalle".

… und falls Sie sich später für ein Voll-Abo entschließen, erwartet Sie sogar noch ein **attraktives Begrüßungsgeschenk!**

Unser Dankeschön für ein Mini-Abo

Limpert Verlag GmbH · E-Mail: sportpraxis@limpert.de · www.sportpraxis.com

---

☐ **Ja**, ich möchte die SportPraxis kennenlernen und bitte um ein kostenloses, aktuelles Testheft.

☐ Ich möchte die SportPraxis noch intensiver kennenlernen und bestelle ein **Mini-Abo** über **zwei aktuelle Doppelhefte** (4 Ausgaben) für **nur € 9,95** inkl. Versandkosten. Als "Dankeschön" erhalte ich kostenlos das Poster "Fitness-Studio Sporthalle", das ich in jedem Fall behalten kann. Nur wenn Sie bis spätestens 14 Tage nach Erhalt des Testheftes bzw. des letzten Heftes meines Mini-Abos keine anders lautende Nachricht von mir erhalten haben, wünsche ich die SportPraxis weiterhin im Abonnement zum Preis von € 44,50* (ermäßigt € 38,00*, Bescheinigung beilegen) für 12 Monate zzgl. Porto zu beziehen und erhalte dann noch ein attraktives Begrüßungsgeschenk.

Absender:

Name _____

Straße _____

PLZ/Ort _____

Datum _____ Unterschrift _____

Garantie: Ich habe das Recht, diese Bestellung innerhalb von 14 Tagen (Poststempel) schriftlich beim Verlag zu widerrufen. Zeitschriften-Abonnements können jederzeit zum Ende der Abonnementslaufzeit, spätestens jedoch 2 Monate vorher (Datum des Poststempels), gekündigt werden. Die Kenntnisnahme bestätige ich mit meiner

zweiten Unterschrift _____

Bitte freimachen falls Marke zur Hand

Deutsche Post **ANTWORT**

Limpert Verlag GmbH
z. Hd. Herrn Carsten Ebert
Industriepark 3
56291 Wiebelsheim
DEUTSCHLAND

3.1.1 Schnelligkeit

Definition

Schnelligkeit gehört zu den motorischen Grundeigenschaften. Unter Schnelligkeit wird allgemein die Fähigkeit verstanden, auf einen Reiz bzw. ein Signal hin schnellstmöglich zu reagieren und motorische Aktionen in einem unter den gegebenen Bedingungen minimalen Zeitabschnitt zu vollziehen. Bewegungsformen können in Form von azyklischen Bewegungsformen (Aufschlag im Tennis), zyklischen Bewegungsformen (Laufen) und Bewegungskombinationen (Basketball) auftreten.
Physikalisch wird die Schnelligkeit gemessen mit Geschwindigkeit als Resultat der Strecke pro Zeit.

Elementare Schnelligkeitsfähigkeiten

Unterschieden wird meist auch in Aktionsschnelligkeit und Reaktionsschnelligkeit. Bei der Aktionsschnelligkeit handelt es sich um die Fähigkeit azyklische Bewegungen (z.B. Schlagballwurf) und zyklische Bewegungen (z.B. Sprint) möglichst schnell auszuführen. Die Reaktionsgeschwindigkeit ist die Fähigkeit auf Reize zu reagieren.

Komplexe Schnelligkeitsfähigkeiten

„Sprintschnelligkeit"
Die Sprintfähigkeit ist die Fähigkeit, komplexe und zyklische Bewegungsformen mit höchstmöglicher Geschwindigkeit und gegen auftretende Widerstände (z.B. Wind) auszuführen. Leistungsbestimmende Faktoren sind neben der genetischen Konstitution auch lernbedingte Faktoren wie zum Beispiel das Beherrschen der richtigen Technik.

„Schnellkraft"
Die Schnellkraft wird definiert als die Fähigkeit, in einer bestimmten Zeit einen möglichst großen Kraftimpuls zu erzeugen. Abhängig ist die Schnellkraft von der Startkraft und der Explosivkraft. Startkraft ist die Fähigkeit, einen möglichst hohen Kraftanstieg zu Beginn der Bewegung realisieren zu können. Hingegen ist die Explosivkraft die Fähigkeit, einen möglichst steilen Kraftanstieg zu ermöglichen.

„Reaktionsschnelligkeit"
Darunter wird die Zeit, die vom Setzen eines Signals bis zum Bewegungsbeginn benötigt wird, verstanden. Zum Beispiel beim Sprint die Zeit vom Startschuss bis hin zum Abdruck der Füße vom Startblock. Die Reaktionsschnelligkeit wird auch als Reaktionszeit bezeichnet. Reize können sowohl akustisch, optisch oder taktil auftreten.

„Schnelligkeitsausdauer"
Die Schnelligkeitsausdauer ist die Widerstandsfähigkeit gegen ermüdungsbedingten Geschwindigkeitsverlust.
Die Schnelligkeitsausdauer spielt vor allem bei Sprintern eine entscheidende Rolle und ist abhängig von der anaeroben Kapazität. Für den Spielsportler hingegen ist eine derart definierte Schnelligkeitsausdauer nicht von einer so großen Bedeutung, da die Länge seiner Antritte selten 30-40 m überschreitet und damit im Bereich der Beschleunigungsphase bleibt.

Trainingsmethoden
Die Schnelligkeit spielt in fast allen Sportarten eine entscheidende Rolle. Sie ist jedoch in den einzelnen Sportarten unterschiedlich ausgeprägt. Fußballspieler müssen aufgrund des größeren Spielfeldes eine andere Sprintschnelligkeit entwickeln als ein Tennisspieler. Auch beim Schwimmer ist ein anderes Training erforderlich, da andere Muskelgruppen angesprochen werden müssen. Angewandte Trainingsmethoden sind die Intervall- und Wiederholungsmethode (siehe Ausdauer).
Beim Schnelligkeitstraining darauf achten:
- Dass der Körper gut aufgewärmt ist
- Beherrschung der Technik (erst Technik-, dann Schnelligkeitsschulung)
- Trainingsbedingungen ohne Störfaktoren
- Ständiges Feedback, um Leistungsveränderungen sofort zu erfassen
- Athlet muss hoch motiviert und konzentriert sein
- Genügend Regenerationsphasen und Pausen

3.1.2 Ausdauer

Definition
Ausdauer im Sport ist die Fähigkeit, einer sportlichen Belastung physisch und psychisch mög-

lichst lange widerstehen zu können. Das heißt, eine bestimmte Leistung über einen möglichst langen Zeitraum aufrecht zu halten. Dieses beinhaltet auch die rasche Erholungsfähigkeit nach einer sportlichen Betätigung. Ausdauerleistungen können nur realisiert werden, wenn auch noch andere Leistungen einbezogen werden. Ausdauerleistungen sind mehr oder weniger an Kraft, Schnelligkeit und Koordination gebunden.

Gliederung
Ausdauer wird in die Grundlagenausdauer und Spezielle Ausdauer eingeteilt:

„Grundlagenausdauer"
Sie stellt die Basis der Ausdauerleistungsfähigkeit dar. Dazu zählen alle Formen von Sport und die Entwicklung allgemeiner Fitness. Zudem bildet die Grundlagenausdauer die Voraussetzung zur Entwicklung weiterer Ausdauerleistungsfähigkeiten. Dies bedeutet, ein Sprinter benötigt eine Grundlagenausdauer im gleichen Maße wie ein Radfahrer. Der Erwerb einer soliden Grundlagenausdauer erfolgt in der Regel durch Joggen, Laufen, Schwimmen und Radfahren.

„Spezielle Ausdauer"
Bei der Speziellen Ausdauer ist das Training sportartspezifisch. Hier soll das Training der Ausdauer auf die jeweilige Sportart ausgerichtet werden. Die spezielle Ausdauer wird unterteilt in Kurzzeitausdauer, Mittelzeitausdauer und Langzeitausdauer.

Tab.: Zeitdauer der Beanspruchung bei höchstmöglicher Belastungsintensität

Form	Belastung	Disziplinen (Beispiele)
Kurzzeitausdauer (überwiegend anaerobe Energiebereitstellung)	35 sec bis 120 sec	Leichtathletik • 400 m • 800 m Schwimmen • 100 m • 200 m
Mittelzeitausdauer (zunehmend aerobe Energiebereitstellung)	2 min. bis 10 min.	Leichtathletik • 1500 m • 3000 m • 3000 m Hindernis Schwimmen • 400 m • 800 m
Langzeitausdauer (fast ausschließlich aerobe Energiebereitstellung)	Ab 10 min	Leichtathletik • 5000 m • 10 km • Marathon Schwimmen • 1500 m

Ausdauer und die Energiebereitstellung

„Aerobe Ausdauer"

Unter aerober Ausdauer versteht man die Fähigkeit des Organismus, die zur Aufrechterhaltung einer bestimmten Belastungsintensität notwendige Energie ausschließlich durch die Oxidation mit Sauerstoff bereitzustellen.
Bei einer entsprechenden Erhöhung der Belastungsintensität wird soviel Energie benötigt, dass das durch die Atmung zur Verfügung gestellte Angebot an Sauerstoff nicht mehr ausreichend ist, um den erhöhten Energiebedarf zu decken. In diesem Fall ist der Körper gezwungen, einen Teil der benötigten Energie ohne Sauerstoff (anaerob) zu gewinnen.

Aerobes Ausdauertraining führt neben einer Reihe weiterer Anpassungsreaktionen des Körpers insbesondere zu einer Vergrößerung des Herzmuskels. Dies hat zur Folge, dass pro Herzschlag eine größere Menge an Blut ausgestoßen wird, was gleichbedeutend mit einer größeren Menge an Sauerstoff ist, der mittels der roten Blutkörperchen zu den Muskeln transportiert wird.

„Anaerobe Ausdauer"

Die anaerobe Ausdauer ist die Fähigkeit des Körpers, zu Beginn einer hohen Belastung ein Sauerstoffdefizit einzugehen.
Zu Beginn einer Bewegung ist der Körper noch nicht darauf eingestellt, viel Sauerstoff aufzunehmen. Somit kann er den auftretenden Sauerstoffbedarf nicht decken. Um die Energie trotzdem bereitzustellen, sind anoxydative Prozesse (Glycolyse) notwendig. Hierbei entsteht Milchsäure, auch bekannt als Laktat. Nachdem die Belastung vorüber ist, wird das Sauerstoffdefizit als Sauerstoffschuld nachgearbeitet. Die Größe der tolerierten Sauerstoffschuld ist trainierbar und somit ein wichtiges Kriterium der Ausdauer.

Trainingsmethoden

Verschiedene Ausdauerleistungen können unterschiedlich trainiert werden. Bei der Aufstellung des Trainingsplans spielt die Variation zwischen den Methoden eine motivierende Rolle.

„Dauermethode"

Wie der Name schon sagt, handelt es sich bei der Dauermethode um Ausdauerleistungen, die ohne Unterbrechung absolviert werden. In einem bestimmten Zeitraum wird eine bestimmte Strecke zurückgelegt. Wir unterscheiden die extensive Dauermethode (Fettverbrennung, geringe Belastung) und die intensive Dauermethode (Kohlehydratverbrennung, hohe Belastung).

„Intervallmethode"

Die Intervallmethode zeichnet sich dafür aus, dass die Belastung nicht kontinuierlich, sondern intervallartig ist. Es kommt zu einem ständigen Wechsel zwischen Belastung und Erholung. Wir unterscheiden das extensive Intervalltraining (hoher Umfang, geringe Intensität) und das intensive Intervalltraining (geringer Umfang, hohe Intensität).

„Wiederholungsmethode"

Diese Methode beinhaltet das wiederholte Absolvieren einer Strecke nach jeweils vollständiger Erholung mit maximal möglicher Geschwindigkeit. Sie führt zur Verbesserung der speziellen Ausdauer. Es gibt die Wiederholungsmethode mit Langzeitintervallen (Verbesserung der aeroben/anaeroben Energiebereitstellung, Mittel- bis Langstreckenlauf) und die Wiederholungsmethode mit Mittelzeitintervallen (Verbesserung der Energiebereitstellung, Sprint- und Kurzeitausdauerbereich).

„Wettkampfmethode"

In dieser Methode kommt es zu einer einmaligen Belastung mit Wettkampfcharakter. Sie dient dazu, wettkampfspezifische Taktiken zu testen, Wettkampferfahrung zu erlangen und sich auf die bevorstehende Belastung besser einstellen zu können. Außerdem ist sie eine gute Methode, um den momentanen Leistungsstand erfassbar zu machen.

3.2 Koordinative Fähigkeiten

Das Entstehen einer sportlichen Leistung ist an eine Reihe von Bedingungen geknüpft. Damit sind nicht nur äußere Einflüsse wie Wetterbedingungen, Sportgeräte, Zuschauer usw.

gemeint, sondern auch sogenannte innere Leistungsvoraussetzungen, zu denen neben den konditionellen, konstitutionellen, taktischen, technischen und psychische Fähigkeiten auch die koordinativen Fähigkeiten zählen.

Der Begriff Koordination steht für das physiologische Zusammenwirken des zentralen Nervensystems und der Skelettmuskulatur während eines Bewegungsablaufes. Koordinierte Bewegungen zeichnen sich durch das Können aus, das eigene Bewegungsgleichgewichts im richtigen Moment zu finden, die Kräfte zu dosieren und die Geschwindigkeit zu steuern.

Als koordinative Fähigkeiten werden zweckmäßige Verhaltensmechanismen des Nerv-Muskel-Zusammenspiels zur Steuerung und Regelung gezielter Bewegungsabläufe bezeichnet. Sie basieren auf der anlagebedingten Qualität sensomotorischer Funktionen und treten nicht isoliert auf. Koordinative Fähigkeiten bestimmen maßgeblich das Tempo, die Qualität und die Dauerhaftigkeit der Lernprozesse bei der Ausprägung von Bewegungsfertigkeiten und sportlichen Techniken. Sie erleichtern die Ausprägung komplexer Bewegungen in einzelnen Lernstufen und ermöglichen eine schnelle Anpassung an wechselnde oder veränderte äußeren Bedingungen.

Gut entwickelte koordinative Fähigkeiten beeinflussen zudem die Ausnutzung des konditionellen Potentials eines Athleten positiv. Sie führen zu ökonomischen und geschmeidigen Bewegungsabläufen, die weniger Muskelkraft und wenig Energie benötigen und somit die Ermüdung verzögern und Verletzungsgefahren verringern.

Da sich die sportliche Tätigkeit durch eine große Vielfalt auszeichnet, wurden viele so genannte koordinative Fähigkeiten abgeleitet. In der Literatur hat sich vor allem das Modell nach HIRTZ (1985) etabliert.

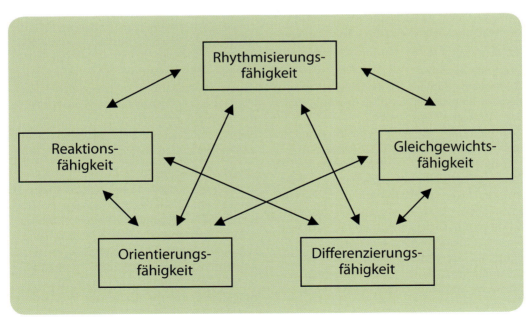

Abb.: Koordinative Fähigkeiten (Modell nach Hirtz 1995)

3.2.1 Reaktionsfähigkeit
Die Reaktionsfähigkeit, auch motorische Reaktionsfähigkeit genannt, bezeichnet die Fähigkeit zur unmittelbaren Reaktion auf Situationswechsel oder äußere Reize. Sie kann Antwort sein auf akustische (z.B. Startschuss, Pfiff des Lehrers), visuelle, kinästhetische, statico-dynamische oder taktile Signale.

3.2.2 Orientierungsfähigkeit
Dies ist die Fähigkeit zur Steuerung der Bewegungen des Körpers oder von Körperteilen im Raum. Zum Beispiel bei Drehungen des Körpers oder in Bezug auf Sportgeräte, Markierungen oder Bewegungsfelder.
Die Orientierungsfähigkeit ist abhängig von den bereits gemachten Erfahrungen in den Sportarten. Ein guter Fußballer erkennt Lücken in der Abwehr und ein Tennisprofi weiß genau, wo er hinspielen muss, um den Punkt zu machen.

3.2.3 Rhythmusfähigkeit
Dies ist die Fähigkeit, einen inneren (in der eigenen Vorstellung geprägten) oder einen von außen vorgegebenen Rhythmus zu erfassen und umzusetzen. Die Rhythmusfähigkeit ist besonders im Hürdensprint und im Anlauf zu Weit-, Hoch- oder Dreisprüngen von hoher Bedeutung und kann durch äußere Vorgaben (Trainingshilfen) geschult werden.

Entwicklung koordinativer Fähigkeiten
- Trainingsmethoden müssen sehr komplex aufgebaut werden.
- Gute Ausprägung ist nur durch ständige Variation und Kombination der Übungsmethoden und -inhalte zu erzielen.
- Das Training koordinativer Fähigkeiten führt sehr schnell zu Ermüdung und sollte deshalb nur im ausgeruhten Zustand durchgeführt werden.
- Bevor Ermüdungserscheinungen auftreten und die Bewegungsaufgabe ungenau durchgeführt wird, sollte das koordinative Training abgebrochen werden.
- Auf korrekte und saubere Ausführung achten.

4. Methodische Vorgehensweise

Die Methodik beschäftigt sich in erster Linie damit, wie die in der Ziel- und Inhaltsanalyse getroffenen Entscheidungen im Unterricht und Training umzusetzen und zu vermitteln sind. Sie hat die Aufgabe, Lernen zu erleichtern und Möglichkeiten und Wege aufzuzeigen, wie Ziele im Lernprozess zu erreichen sind und Inhalte angeeignet werden können.
Im engeren Verständnis beschäftigt sich Methodik somit mit dem „Wie" von Unterrichtshandeln, ordnet und strukturiert und gibt dafür Begründungen und Reflexionsprinzipien.

Methodische Grundformen und Maßnahmen
Zu unterscheiden sind drei methodische Grundformen und die ihnen zugeordneten methodischen Maßnahmen:
1. Darbieten – Aufnehmen
2. Aufgeben – Lösen
3. Erarbeiten und Üben

„Darbieten – Aufnehmen"
Bei diesen Formen steht das Vorschreiben, Anweisen und Anleiten durch den Sportlehrer/Trainer im Mittelpunkt. Direkte Vorgaben und Anleitungen bestimmen den Unterricht und Trainingsbetrieb. Durch die einseitigen Aktivitäten des Lehrers befinden sich die Schüler eher in einer passiven Rolle. Sie nehmen die Anweisungen auf und üben die Bewegungsfertigkeiten ein. Eine wesentliche methodische Maßnahme ist dabei das Demonstrieren.

„Aufgeben – Lösen"
Hier steht die selbständige, bewusste und aktive Auseinandersetzung der Schüler mit den Übungsaufgaben im Mittelpunkt. Der Lehrer tritt weitgehend in den Hintergrund. Der Trainer gibt nur wenige Anleitung und beobachtet eher den Lernfortgang.

„Erarbeiten und Üben"
Bei diesen Formen kommt es durch die Interaktion zwischen Lehrer und Schüler zu einem regen Informationsaustausch. Dem Schüler kommt hierbei die Funktion des Übens zu, indem er eine Lösung der Bewegungsaufgabe sucht (induktives Vorgehen) oder die Bewegung nachahmt (deduktives Vorgehen) und durch mehrfaches Wiederholen festigt.
Der Lehrer und Trainer leitet dabei den Athleten an, sichert, unterstützt und bemüht sich, die durch Bewegungsbeobachtung und im Gespräch gewonnenen Rückinformationen über die Qualität des Lernfortschrittes für die Bewegungskorrektur zu nutzen.

Methoden der Stoffbehandlung
Um den Schülern und Athleten sportliche Fertigkeiten beizubringen, können zwei Methoden angewandt werden.

„Ganzheitsmethode"
Die sportliche Tätigkeiten und Fertigkeiten werden möglichst als Ganzes vermittelt. Dabei ist davon auszugehen, dass es sich um Bewegungen handelt, die vom Schüler in der Ganzheit – auch wenn es sich nur um eine Grobform handelt – beherrscht werden können.
Es besteht bei dieser Methode die Möglichkeit der Vereinfachung und Reduzierung von kompletten Bewegungsabläufen. So kann zum Beispiel das Tempo, der Krafteinsatz oder die Intensität verändert werden.
Bei überschaubaren Bewegungsstrukturen hat diese Methode den Vorteil, dass ein Zusammensetzten der Einzelteile eines Bewegungsablaufes entfällt.

„Teillernmethode"
Die Teillernmethode gliedert einen Bewegungsablauf in einzelne, sinnvolle Teilbewegungen auf, übt diese isoliert und kommt über die Verknüpfung der Teilbewegungen zur Ganzheit. Dabei ist häufig das Problem zu beobachten, dass es beim Zusammenfügen der Bewegung zu Schwierigkeiten im Lernprozess kommt. Das hängt damit zusammen, dass eine Gesamtbewegung nicht notwendiger Weise die Summe der Teilbewegungen bildet, sondern eine eigene Dynamik besitzt.

Die Teillernmethode wird immer dann sinnvoll angewandt, wenn die Bewegungsstruktur zu komplex ist, um sie als Gesamtbewegung ausführen zu können.

Dies ist bei den Übungen mit Trainingshilfen nicht der Fall. Alle Bewegungen und Übungsbeispiele können in ihrer Ganzheit geübt und trainiert werden. Der Lehrer und Trainer gibt eine kurze Anleitung zum Übungsablauf und die Schüler vollziehen eine bewusste, aktive und intensive Auseinandersetzung mit der Bewegungsaufgabe.

Methodische Grundsätze für den Einsatz von Trainingshilfen:

- Den Schülern genügend Zeit geben, um Bewegungserfahrungen zu sammeln und die Bewegungsformen zu üben

- Vielseitig und vielfältig mit den Schülern arbeiten

- Abwechslungsreiche Übungsformen anbieten

- Physische Voraussetzungen der Kinder und Jugendlichen berücksichtigen

- Bewegungsdrang und Anstrengungsbereitschaft der Kinder nutzen

- Unterricht so gestalten, dass die Schüler Erfolgserlebnisse und Freude an der Bewegung haben

- Durch gezielte Übungen Haltungs- und Koordinationsschwächen vorbeugen

- Kinder motivieren, sich sportlich zu betätigen

- Kooperatives Handeln fördern

- Zu sicherheitsbewusstem Handeln erziehen

5. Trainingshilfen in der Praxis

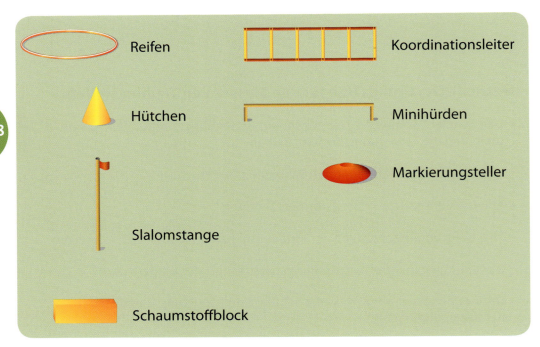

Die hier genannten Übungsformen sind für alle Sportarten gedacht. Die aufgeführten Fertigkeiten und Fähigkeiten werden sowohl in den Individualsportarten (z.B. Tennis, Leichtathletik) als auch in allen Sportspielen (z.B. Handball, Basketball) benötigt. Generell sind aber alle Schüler mit ihren unterschiedlichen Leistungsvoraussetzungen und Interessen zu fördern.
Wichtig ist bei allen vorgestellten Übungen, dass Eintönigkeit vermieden wird, da sonst Langeweile bei den Schülern aufkommt und der Lernerfolg ausbleibt.
Die folgende Einteilung bezieht sich auf Fähigkeiten, die vorwiegend zum Tragen kommen. Natürlich beschränken sich die meisten Trainingsbeispiele nicht nur auf die Förderung einer Fähigkeit, sondern sind mehrdimensional. So steht die Übung „Kreuzlauf" sowohl für konditionelle wie auch für rhythmische Fähigkeiten.

Eigenverantwortliches Üben
Die Schüler sollen nach ihren eigenen Fähigkeiten und Fertigkeiten selbständig üben. Dabei kommt es zur Ausbildung und Weiterentwicklung der konditionellen und koordinativen Grundlagen und zur Verbesserung der individuellen Leistungsfähigkeit.

Üben mit Wettkampfcharakter
Der Lehrer hat die Aufgabe, gleichstarke Partner oder Gruppen zu bilden. Dadurch entstehen Chancengleichheit und ein faires „Kräftemessen". Es soll niemand bloßgestellt oder vernachlässigt werden.

5.1 Reaktions- und Schnelligkeitsschulung

Eigenverantwortliches Üben

„180 Grad"

Material: Hütchen

Beschreibung:

Die Kinder stehen nebeneinander an der Grundlinie. Alle traben gemeinsam los, jeder in seinem Tempo. Auf Pfiff dreht sich jeder Schüler um 180 Grad und sprintet so schnell wie möglich wieder zum Ausgangspunkt.

„Hütchen umkreisen"

Material: Hütchen

Beschreibung:

3 Hütchen in einer Reihe aufstellen. Sprint zum mittleren Hütchen. Dieses schnell umkreisen und wieder Sprint zum nächsten Hütchen. Der Rückweg wird locker getrabt.
➔ Abstand zwischen den Hütchen ca. 10 m

„Partner-Lauf"

Material: Schaumstoffblöcke

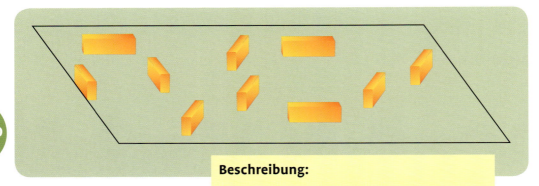

Beschreibung:

In einem Feld werden wahllos Schaumstoffblöcke verteilt. Die Schüler laufen paarweise hintereinander in der Halle. Es soll versucht werden, möglichst viele Schaumstoffteile zu überlaufen. Auf Pfiff versucht der hintere Schüler den vorderen einzufangen. Auf ein weiteres Signal wird der Versuch beendet.
➔ Gleichstarke Partner bilden

„Raus aus dem Liegestütz"

Material: Hütchen

Beschreibung:

Eine Strecke von 10 m bis 15 m mit Hütchen markieren.
Auf Signal beginnen die Schüler auf der Startlinie mit 5 Liegestützen. Wer fertig ist, sprintet sofort los, um das Hütchen und wieder zurück.

„Auf den Trainer los"

Material: Koordinationsleiter, Hütchen

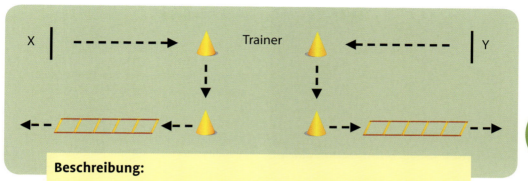

Beschreibung:

Auf Pfiff des Lehrers sprinten Schüler X und Schüler Y in Richtung Trainer. Kurz vor dem Trainer biegen sie am Hütchen ab und laufen mit Skippings zum anderen Hütchen. Dann durch die Koordinationsleiter zurück zur Startlinie.
→ Die Sprintstrecke sollte ca. 10 m lang sein.
→ Skippingstrecke 5 m bis 8 m
→ Es kann auch ein Kniehebelauf, Anfersen etc. erfolgen.
→ Übungen durch die Koordinationsleiter variieren!

„Rechts – Links"

Material: Markierungsteller

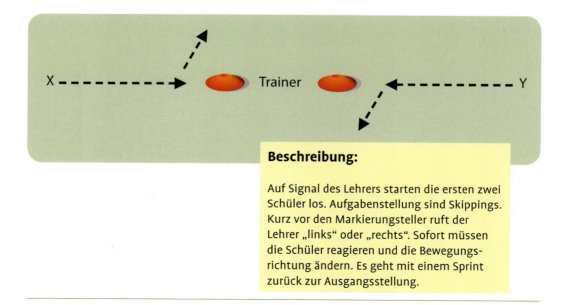

Beschreibung:

Auf Signal des Lehrers starten die ersten zwei Schüler los. Aufgabenstellung sind Skippings. Kurz vor den Markierungsteller ruft der Lehrer „links" oder „rechts". Sofort müssen die Schüler reagieren und die Bewegungsrichtung ändern. Es geht mit einem Sprint zurück zur Ausgangsstellung.

„Wechselsprünge über Minihürde"

Material: Minihürden, Hütchen

Beschreibung:

Auf Zeichen des Lehrers führen die Schüler in ihrem Tempo 5 Wechselsprünge über eine Minihürde aus. Danach geht es sofort mit einem Steigerungslauf zu einem ca. 10 m entfernten Hütchen. Es wird um das Hütchen gelaufen und mit einem Sprint zurück zur Grundlinie. Das jeweils nächste Trainingspaar beginnt mit der Übung, sobald die Vorgänger ihre 5 Wechselsprünge abgeschlossen haben.

„Sprung-Sprint über Minihürden"

Material: Mini-Hürden

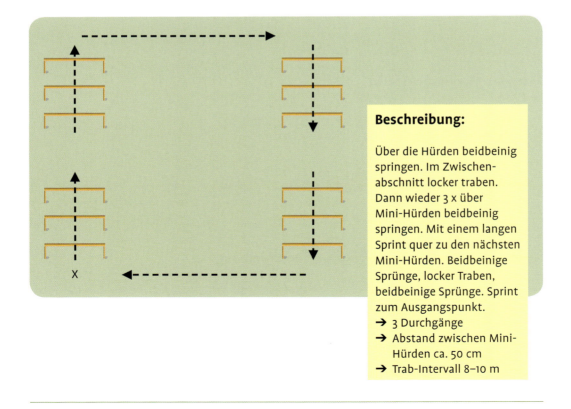

Beschreibung:

Über die Hürden beidbeinig springen. Im Zwischenabschnitt locker traben. Dann wieder 3 x über Mini-Hürden beidbeinig springen. Mit einem langen Sprint quer zu den nächsten Mini-Hürden. Beidbeinige Sprünge, locker Traben, beidbeinige Sprünge. Sprint zum Ausgangspunkt.
→ 3 Durchgänge
→ Abstand zwischen Mini-Hürden ca. 50 cm
→ Trab-Intervall 8–10 m

Üben mit Wettkampfcharakter

„Lauf schneller"

Material: Hütchen

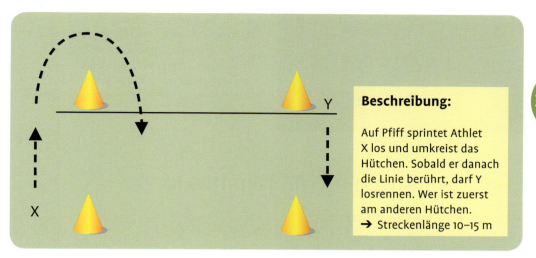

Beschreibung:

Auf Pfiff sprintet Athlet X los und umkreist das Hütchen. Sobald er danach die Linie berührt, darf Y losrennen. Wer ist zuerst am anderen Hütchen.
→ Streckenlänge 10–15 m

„Slalom-Nummernlauf"

Material: Slalomstangen

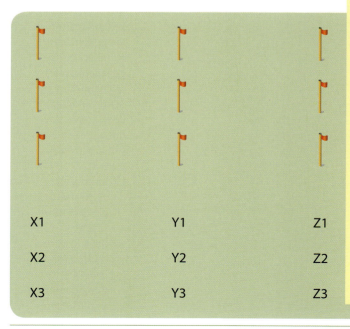

Beschreibung:

Der Lehrer bildet Gruppen. Jedes Kind aus Gruppe X bekommt eine Zahl. Aus der anderen Gruppe werden die Kinder identisch nummeriert. Der Lehrer ruft zum Beispiel 3 und jedes Kind mit der Zahl 3 sprintet so schnell wie möglich durch die Slalomstangen.
→ Diese Übung kann vielfältig variiert werden. Auch ein längerer Parcours mit Reifen, Hütchen und Koordinationsleiter ist möglich.
→ Auch die Startposition ist variabel: Aus dem Sitzen, Bauchlage, Liegestütz etc.

„Hütchenwald"

Material: Markierungsteller, Hütchen

Beschreibung:

In einem abgegrenzten Feld sind wahllos Markierungsteller und Hütchen verteilt. Auf Signal sprinten jeweils zwei Athleten los. Jeder muss so schnell wie möglich 3 Markierungsteller und 3 Hütchen umkreisen. Wer ist als Schnellster wieder am Ausgangspunkt?

„Reaktionstraining mit Minihürden"

Material: Minihürden, Hütchen

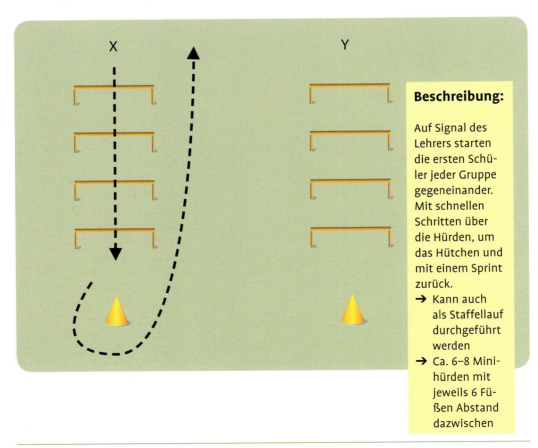

Beschreibung:

Auf Signal des Lehrers starten die ersten Schüler jeder Gruppe gegeneinander. Mit schnellen Schritten über die Hürden, um das Hütchen und mit einem Sprint zurück.
→ Kann auch als Staffellauf durchgeführt werden
→ Ca. 6–8 Minihürden mit jeweils 6 Füßen Abstand dazwischen

„Sprintparcours"

Material: Minihürde, Koordinationsleiter, Hütchen

Beschreibung:

Gleiche Übungen wie oben, nur die Kinder laufen auf dem Rückweg durch die Koordinationsleiter.

Übungen durch die Koordinationsleiter variieren
→ Einbeinig
→ Beidbeinig raus-rein
→ Zweierkontakt links-rechts – links-rechts

„Sprint-Koordination"

Material: Mini-Hürden, Reifen, Slalomstangen, Markierungsteller

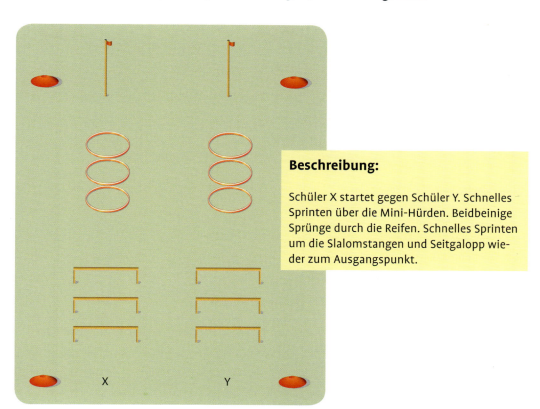

Beschreibung:

Schüler X startet gegen Schüler Y. Schnelles Sprinten über die Mini-Hürden. Beidbeinige Sprünge durch die Reifen. Schnelles Sprinten um die Slalomstangen und Seitgalopp wieder zum Ausgangspunkt.

5.2 Orientierungsschulung

Eigenverantwortliches Üben

„Koordinations-Parcours"

Material: Markierungsteller

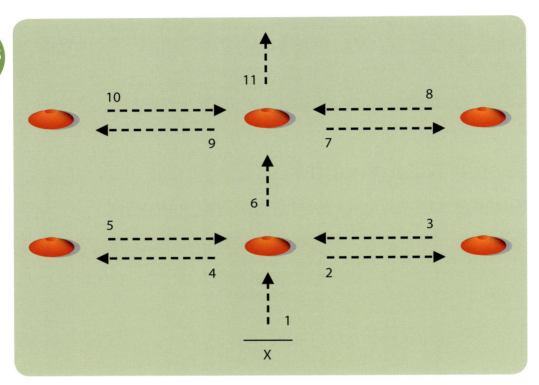

Beschreibung:

1 = Sprint
2 = Skippings
3 = Kniehebelauf
4 = Anfersen
5 = rückwärts laufen
6 = Sprint und im nächsten Abschnitt die gleichen Übungen

Ein Kind startet mit einem Sprint zum Markierungsteller. Dann erfolgt zur Seite eine Bahn Skippings. Zurück der Kniehebelauf. Wieder anfersen und dann rückwärts laufen. Jetzt beginnt der nächste Abschnitt. Wieder ein Sprint, dann Skippings usw.

→ Auf eine korrekte Ausführung achten
→ Übungen können variiert werden
→ Viele Kinder können gleichzeitig Üben

„Koordinationslauf"

Material: Mini-Hürde, Hütchen, Koordinationsleiter

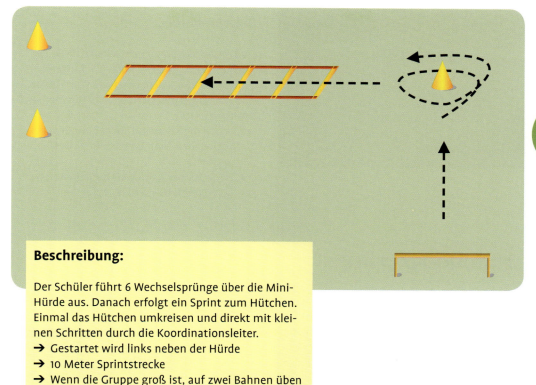

Beschreibung:

Der Schüler führt 6 Wechselsprünge über die Mini-Hürde aus. Danach erfolgt ein Sprint zum Hütchen. Einmal das Hütchen umkreisen und direkt mit kleinen Schritten durch die Koordinationsleiter.
→ Gestartet wird links neben der Hürde
→ 10 Meter Sprintstrecke
→ Wenn die Gruppe groß ist, auf zwei Bahnen üben

„Laufkoordination"

Material: Schaumstoff-Blöcke

Beschreibung:

Es werden mit ca. 5 m Abstand nebeneinander 2 Reihen Schaumstoffblöcke aufgestellt. Schnelles Sprinten über die 1. Reihe. Danach lockeres Traben zur 2. Reihe und wieder durch die Schaumstoffblöcke zurück sprinten.
→ Abstände ca. 60 cm
→ Abstände können vergrößert werden (jeweils um 10 cm).

„Kombination"

Material: Hütchen, Reifen, Koordinationsleiter

Beschreibung:

Kurzer Antritt bis zu den Reifen. Die Reifen werden mit schnellen, kurzen Schritten durchquert (in jeden Reifen ein Fuß). Durch die Koordinationsleiter, um das Hütchen und wieder zurück.
→ Durch die Koordinationsleiter mit verschiedenen Übungen (beidbeinig, Doppelschritt etc.)
→ Der Rückweg kann variabel gehalten werden (Sprint, Hopserlauf, Anfersen).

„Hütchenskippings"

Material: Hütchen

Beschreibung:

Die Schüler führen einen Kniehebelauf durch die Doppel-Hütchen durch.
→ Abstand ca. 60 cm
→ Die Hütchen dürfen nicht zu hoch sein.
→ Hütchenhöhe variieren

„Lauf-Orientierung"

Material: Schaumstoffblöcke, Hütchen

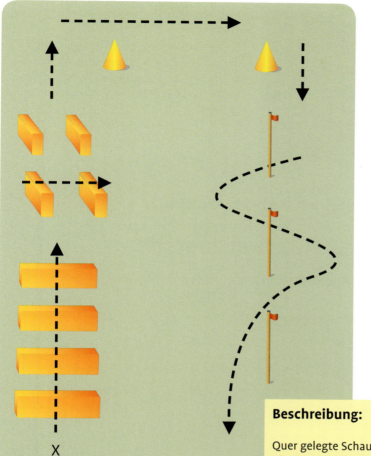

Beschreibung:

Quer gelegte Schaumstoffteile müssen überlaufen werden. Danach werden die längsgelegten Schaumstoffblöcke einbeinig übersprungen. Die ersten zwei mit rechts, die anderen zwei mit links. Lockeres Traben bis zum Hütchen. Dann schneller Sprint zum nächsten Hütchen. Lockeres Traben bis zu den Slalomstangen und dann schnelles Sprinten um die Stangen.

„Koordinations-Sprünge"

Material: Reifen, Mini-Hürden

Beschreibung:

Die Reifen einbeinig durchspringen. Nach der Hälfte wird das Bein gewechselt. Nun ein kurzer Sprint zu den Hürden. Diese werden beidbeinig durchsprungen. Zurück wird gesprintet.

Üben mit Wettkampfcharakter

„Wer berührt das Hütchen zuerst?"

Material: Slalomstangen, Koordinationsleiter, Hütchen

Beschreibung:

Die Schüler laufen gegeneinander durch die Slalomstangen. Dann durch die Koordinationsleiter. Wer berührt das Hütchen zuerst? Diese Mannschaft bekommt einen Punkt. Die Mannschaft mit den meisten Punkten gewinnt.
→ Übungen variieren

„Sprintparcours gegeneinander"

Material: Slalomstangen, Hütchen, Reifen

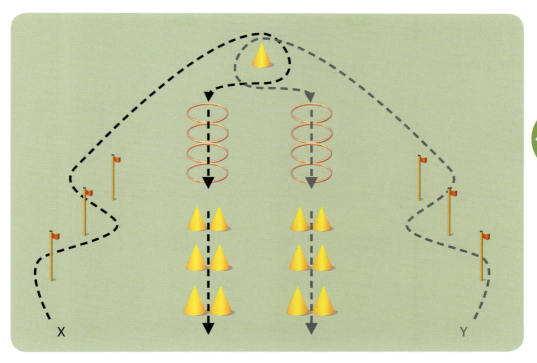

Beschreibung:

Zwei Schüler starten gleichzeitig auf Signal in den Sprintparcours. Zuerst wird Slalom gelaufen. Danach um das Hütchen und mit kleinen schnellen Schritten durch die Reifen. Mit Kniehebelauf durch die Hütchen zurück zur Ausgangsposition.
→ Achtung Gegenverkehr am Hütchen

5.3 Ausdauerschulung

Eigenverantwortliches Üben

„Polonaise-Lauf"

Material: farbige Markierungsteller

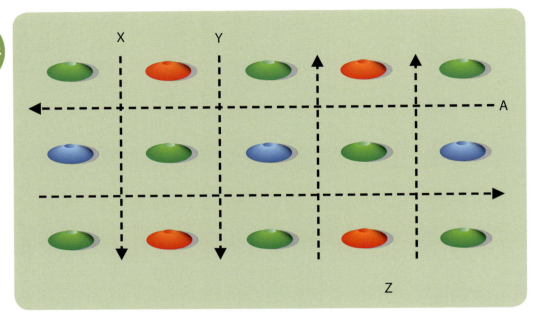

Beschreibung:

In der Halle oder noch besser auf einer großen Rasenfläche (z.B. Fußballplatz) werden Reihen mit bunten Markierungstellern gebildet (siehe Skizze). Die Größe des Feldes sollte mindestens 20 x 10 Meter sein. Je größer desto besser.

Aufgaben:
- Die Kinder laufen nur durch die Längsgassen.
- Die Kinder laufen durch die Quergassen.
- Die Kinder laufen durch Quer- und Längsgassen.

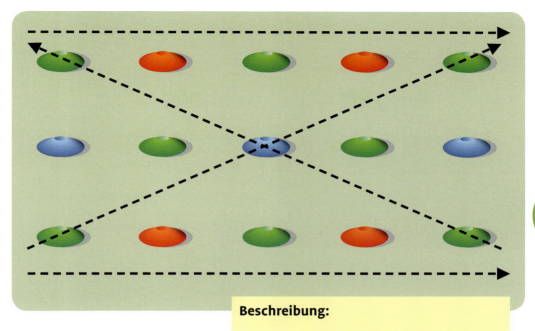

Beschreibung:

Aufbau wie oben. Aber die Schüler denken sich „neue" Laufformen aus. Z.B. ein X-Laufen oder ein Quadrat etc.

„Vorläufer"

Material: Reifen, Stoppuhr/Armbanduhr

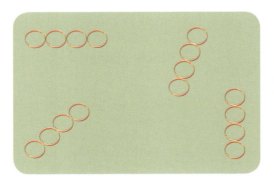

Beschreibung:

Die Schüler teilen sich in Vierergruppen auf. Jede Gruppe stellt sich hintereinander in die Reifen. Der Vordermann bekommt eine Stoppuhr oder Armbanduhr. Nun läuft er los und bestimmt das Tempo. Seine Gruppenpartner folgen ihm. Es wird nach Zeitvorgabe des Lehrers gelaufen. Soll eine Minute gelaufen werden, so läuft jede Gruppe kreuz und quer durch den Raum und der Vordermann versucht, nach exakt einer Minute wieder gemeinsam in der Reifenbahn zu stehen. Danach bekommt der nächste die Uhr.
→ Vier Durchgänge
→ Gemeinsam laufen
→ Verschiedene Zeitvorgaben (z.B. 1 min; 2 min; 1.42 min)

„Satellit"

Material: Markierungsteller

Beschreibung:

Von einem zentralen Markierungsteller aus werden weitere Teller sternförmig und gleich weit entfernt aufgebaut. An jedem Teller stehen 4 Schüler. Jede Gruppe beginnt selbständig um den zentralen Teller zu laufen und dann jeweils alle anderen Teller zu umkreisen. Das Tempo bestimmt jede Gruppe selbst.
→ Teamarbeit
→ Achtung vor Zusammenprall
→ Geschwindigkeit ändern

„Zickzack-Lauf"

Material: Hütchen

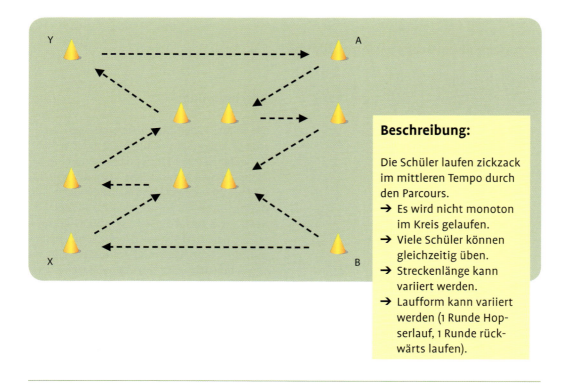

Beschreibung:

Die Schüler laufen zickzack im mittleren Tempo durch den Parcours.
→ Es wird nicht monoton im Kreis gelaufen.
→ Viele Schüler können gleichzeitig üben.
→ Streckenlänge kann variiert werden.
→ Laufform kann variiert werden (1 Runde Hopserlauf, 1 Runde rückwärts laufen).

„Sternlauf"

Material: Markierungsteller

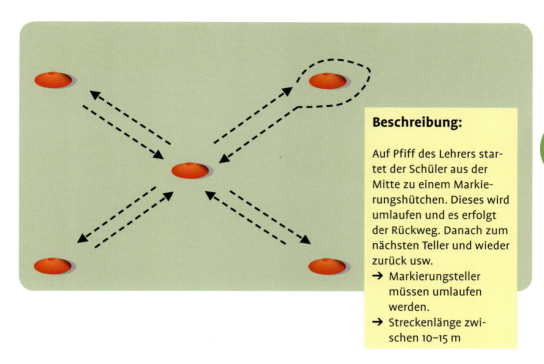

Beschreibung:

Auf Pfiff des Lehrers startet der Schüler aus der Mitte zu einem Markierungshütchen. Dieses wird umlaufen und es erfolgt der Rückweg. Danach zum nächsten Teller und wieder zurück usw.
→ Markierungsteller müssen umlaufen werden.
→ Streckenlänge zwischen 10–15 m

„Laufwege"

Material: Slalomstangen

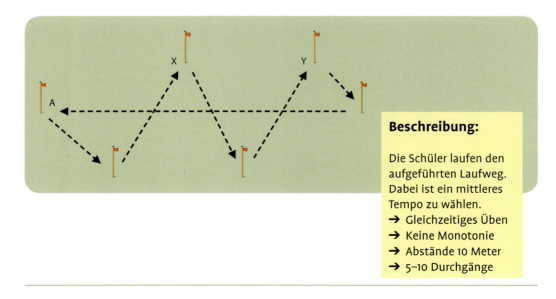

Beschreibung:

Die Schüler laufen den aufgeführten Laufweg. Dabei ist ein mittleres Tempo zu wählen.
→ Gleichzeitiges Üben
→ Keine Monotonie
→ Abstände 10 Meter
→ 5–10 Durchgänge

„Sprint-Ausdauer"

Material: Hütchen

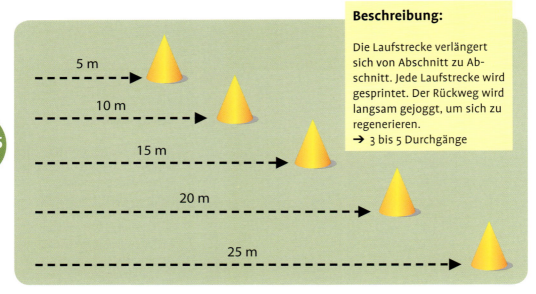

Beschreibung:

Die Laufstrecke verlängert sich von Abschnitt zu Abschnitt. Jede Laufstrecke wird gesprintet. Der Rückweg wird langsam gejoggt, um sich zu regenerieren.
→ 3 bis 5 Durchgänge

„Kreuzlauf"

Material: Mini-Hürden, Hütchen, Koordinationsleiter, Reifen

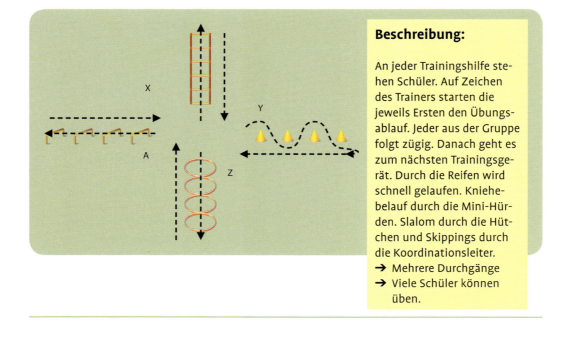

Beschreibung:

An jeder Trainingshilfe stehen Schüler. Auf Zeichen des Trainers starten die jeweils Ersten den Übungsablauf. Jeder aus der Gruppe folgt zügig. Danach geht es zum nächsten Trainingsgerät. Durch die Reifen wird schnell gelaufen. Kniehebelauf durch die Mini-Hürden. Slalom durch die Hütchen und Skippings durch die Koordinationsleiter.
→ Mehrere Durchgänge
→ Viele Schüler können üben.

„Schneller Antritt"

Material: Markierungsteller, Slalomstangen

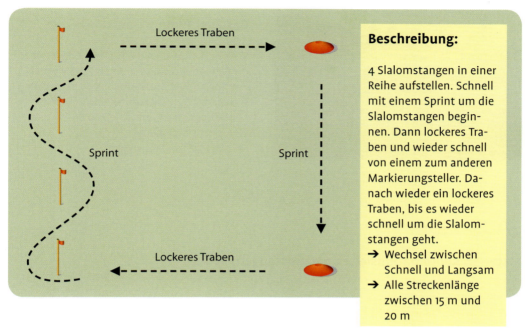

Beschreibung:

4 Slalomstangen in einer Reihe aufstellen. Schnell mit einem Sprint um die Slalomstangen beginnen. Dann lockeres Traben und wieder schnell von einem zum anderen Markierungsteller. Danach wieder ein lockeres Traben, bis es wieder schnell um die Slalomstangen geht.

→ Wechsel zwischen Schnell und Langsam
→ Alle Streckenlänge zwischen 15 m und 20 m

„Side-Stepps"

Material: Hütchen

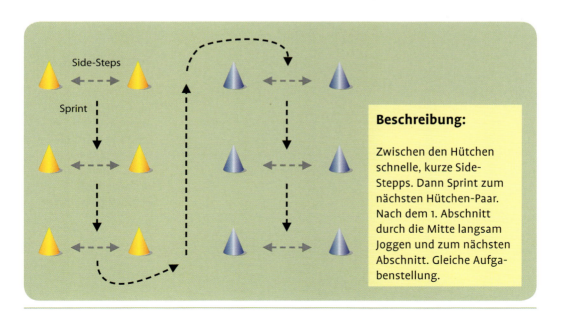

Beschreibung:

Zwischen den Hütchen schnelle, kurze Side-Stepps. Dann Sprint zum nächsten Hütchen-Paar. Nach dem 1. Abschnitt durch die Mitte langsam Joggen und zum nächsten Abschnitt. Gleiche Aufgabenstellung.

„Dreieck-Lauf"

Material: Hütchen, Mini-Hürden, Schaumstoffblöcke

Beschreibung:

Schüler A läuft über die Hürden, C läuft über die Schaumstoffblöcke und B absolviert einen Sprint zum Starthütchen. Danach läuft A zu den Schaumstoffblöcken, B durch die Minihürden und C macht einen Sprint usw.
→ 3 bis 5 Durchgänge
→ Alle Streckenlängen 15 m

„Ausdauer"

Material: Koordinationsleiter, Slalomstangen, Reifen

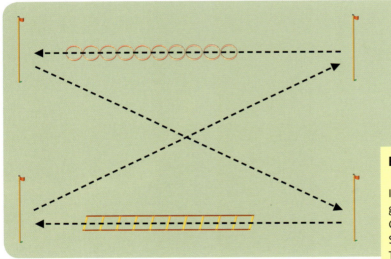

Beschreibung:

In den Diagonalen wird gesprintet. Auf der Geraden mit schnellen Schritten durch die Trainingshilfen.
→ 2 x 3 Durchgänge
→ Pause 2 min.
→ Übungen variieren

„U-Form"

Material: Markierungshütchen

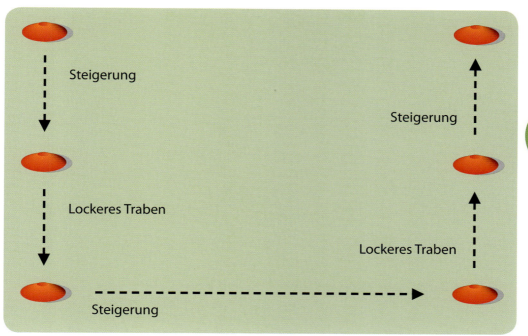

Beschreibung:

Die Schüler wechseln zwischen Steigerung und lockerem Traben.
→ Lange Strecken zwischen 20 m und 25 m wählen
→ Mehrere Durchgänge
→ Auf Pause achten
→ Übergänge müssen deutlich sichtbar sein

„Viereck-Ausdauer"

Material: Markierungsteller

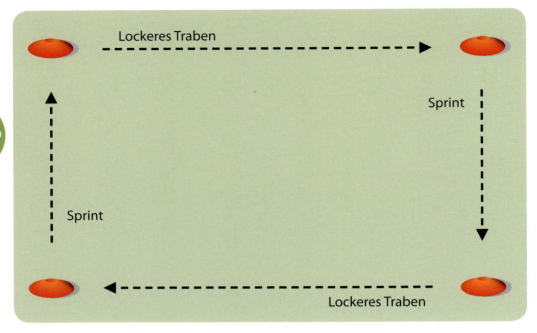

Beschreibung:

Die Schüler sprinten in den Längsseiten und auf der Querbahn wird locker getrabt.
→ Lange Strecken zwischen 20 m und 25 m wählen
→ Mehrere Durchgänge
→ Auf Pause achten
→ Übergänge müssen deutlich sichtbar sein.

Mit Wettkampfcharakter üben

„Konditionslauf gegeneinander"

Material: Hütchen

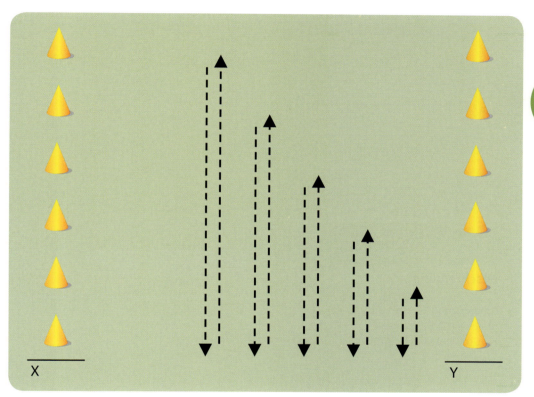

Beschreibung:

Beide Schüler starten gleichzeitig. Ziel ist, jedes Hütchen zu berühren und dann wieder zurück zum Ausgangspunkt zu laufen. Es wird also zuerst das erste Hütchen berührt, dann wieder zurück. Danach das zweite Hütchen und wieder zurück usw.
→ Linienlauf mit Hütchen
→ Der Abstand zwischen jedem Hütchen beträgt zunächst 5 m.
→ Bei besserem Trainingszustand der Kinder kann der Abstand bis zu 10 m gesteigert werden.

„Lauf dem Anderen davon"

Material: Slalomstangen

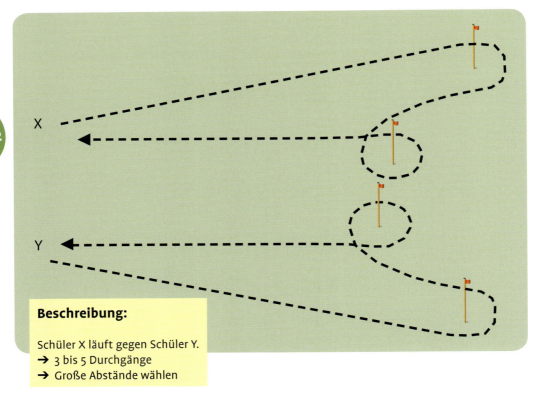

Beschreibung:

Schüler X läuft gegen Schüler Y.
→ 3 bis 5 Durchgänge
→ Große Abstände wählen

Raum für eigene Ideen und Anmerkungen

5.4 Rhythmusschulung

Eigenverantwortliches Üben

„Rhythmus-Folge legen"

Material: Schaumstoffblock, Hütchen, Reifen

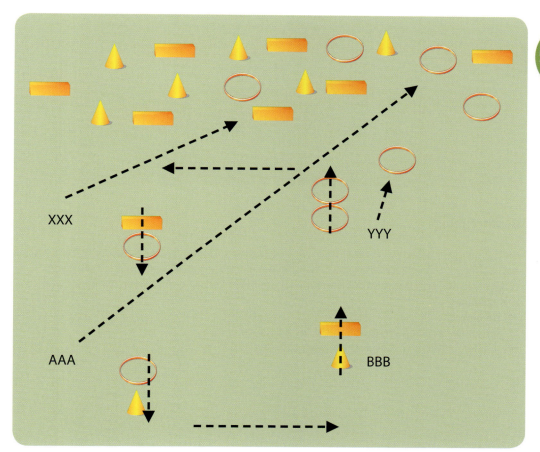

Beschreibung:

Schaumstoffblöcke, Reifen und Hütchen liegen wahllos herum. Die Klasse wird in vier Gruppen aufgeteilt. Jedes Gruppenmitglied läuft nacheinander los und holt sich eine Trainingshilfe. Daraus wird eine Reihe gebaut. Sind alle Hilfen aufgebraucht, läuft Gruppe X über seine Reihe, dann über die Reihen von A, B und C. Ein Hütchen wird umkreist, ein Schaumstoffblock überlaufen und in einen Reifen wird beidbeinig gesprungen.
→ Genügend Abstand lassen
→ Übungen können von den Schülern variiert werden.

„Vorhüpfen – Nachhüpfen"

Material: Reifen

Beschreibung:

Die Schüler gehen Paarweise zusammen. Das erste Kind springt 4 Sprünge und der Partner muss nachspringen. Danach erweitert das erste Kind um einen Sprung. Das andere Kind muss die Folge nachspringen. Das Kind erweitert wieder um einen Sprung und sein Partner muss nachspringen usw.
→ Rollenwechsel
→ Sprunganzahl kann, muss aber nicht festgelegt werden.
→ Schüler denken sich eine Reifenformation selbst aus.

„Reifenrhythmus"

Material: Reifen

Beschreibung:

Schnelle Skippings durch die Reifen. Dann im Zwischenraum die Frequenz senken und im nächsten Abschnitt wieder mit hoher Frequenz Skippings.
→ 8–10 Reifen pro Abschnitt
→ Zwischenraum 8–10 m

„Hütchenrhythmus"

Material: Hütchen

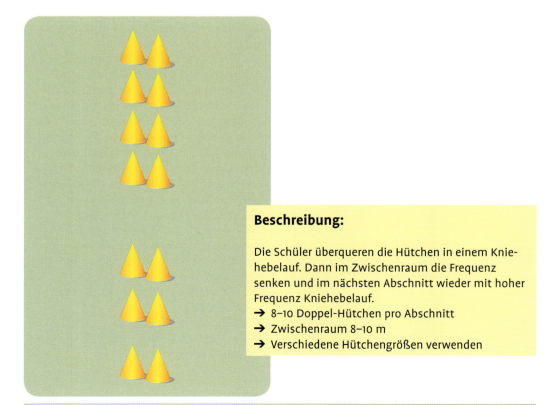

Beschreibung:

Die Schüler überqueren die Hütchen in einem Kniehebelauf. Dann im Zwischenraum die Frequenz senken und im nächsten Abschnitt wieder mit hoher Frequenz Kniehebelauf.
→ 8–10 Doppel-Hütchen pro Abschnitt
→ Zwischenraum 8–10 m
→ Verschiedene Hütchengrößen verwenden

„Dreick-Rhythmus"

Material: Markierungsteller

Beschreibung:

Der Lehrer markiert zwei Dreiecke mit Markierungsteller. Zwischen den Dreiecken muss Platz für eine Gasse gelassen werden. Alle Kinder werden in zwei Gruppen aufgeteilt und am Anfang der Gasse aufgestellt. Ziel ist, dass die Kinder in verschiedenen Formationen um die Dreiecke rhythmisch laufen.

Zuerst läuft die Gruppe als Doppelreihe durch die Gasse. Am Ende trennen sie sich und jede Reihe läuft um sein Dreieck. Dann treffen sich die Gruppen wieder am Anfang der Gasse und durchlaufen erneut die Gasse. Am Ende biegt das erste Doppelpaar nach rechts und das nächste Doppelpaar nach links ab usw. Das Dreieck wird umlaufen und am Ausgangspunkt angelangt bilden jeweils zwei Paar eine Viererreihe. Diese durchlaufen die Gasse. Am Ende angekommen laufen jeweils zwei Kinder nach links und zwei nach rechts ab usw. Das Dreieck umlaufen und am Anfang des Dreiecks zum Stand kommen.

→ Verschiedene Laufformen (Hopserlauf, Seitgalopp etc.)
→ Konzentration ist gefragt.
→ Die Schüler können sich weitere Formationen ausdenken.

„Vorwärts-Rückwärts"

Material: Slalomstangen

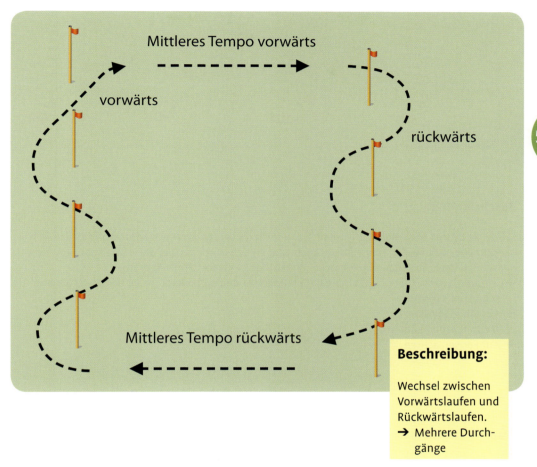

Beschreibung:

Wechsel zwischen Vorwärtslaufen und Rückwärtslaufen.
→ Mehrere Durchgänge

„Laufrhythmus"

Material: Schaumstoffblöcke, Mini-Hürden, Markierungsteller

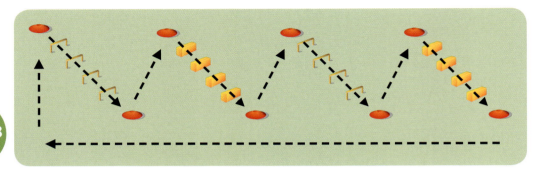

Beschreibung:

Schnelles Laufen über die Mini-Hürden. Dann lockeres Laufen zu den Schaumstoffblöcken. Wieder schnelles Überlaufen und dann lockerer Lauf zu den Hürden. Über die Hürden sprinten, wieder schnell über die Schaumstoffblöcke. Zum Anfang eine lockere Steigerung.
→ Übungsvariante: über die Trainingshilfen langsam und technikbetont. In den Zwischenabschnitten sprinten.
→ Abstände 10 Meter
→ Mehrere Durchgänge
→ Auf Pausen achten

Raum für eigene Ideen und Anmerkungen

„Vierecke laufen"

Material: Hütchen

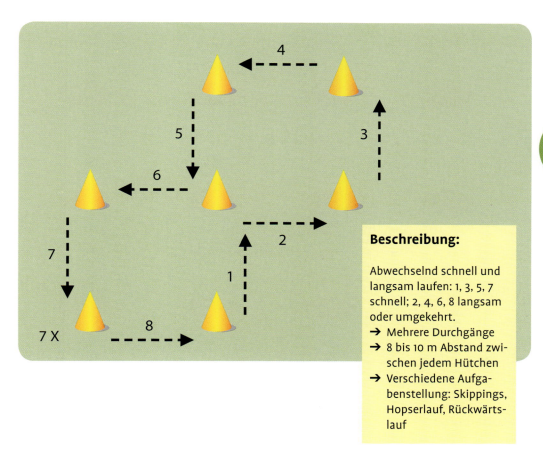

Beschreibung:

Abwechselnd schnell und langsam laufen: 1, 3, 5, 7 schnell; 2, 4, 6, 8 langsam oder umgekehrt.
→ Mehrere Durchgänge
→ 8 bis 10 m Abstand zwischen jedem Hütchen
→ Verschiedene Aufgabenstellung: Skippings, Hopserlauf, Rückwärtslauf

Raum für eigene Ideen und Anmerkungen

___
___
___
___
___

„Steigerungsläufe"

Material: Markierungsteller

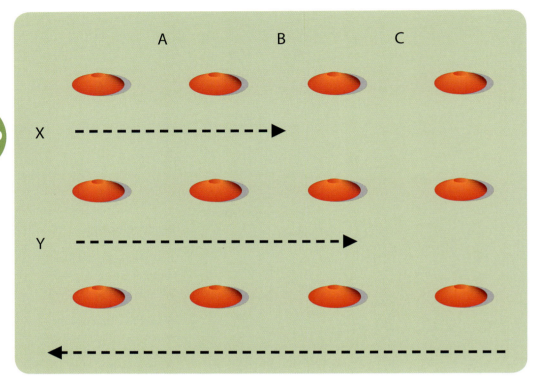

Beschreibung:

Zwei Schüler starten gleichzeitig. Im Abschnitt A wird leicht getrabt, im Abschnitt B langsam gesteigert und im Abschnitt C gesprintet. Es wird locker zum Ausgangspunkt gelaufen.

„Rhythmisch vorwärts-rückwärts"

Material: Slalomstangen

Beschreibung:

Die Schüler laufen in einem gleichbleibenden Tempo von Slalomstange zu Slalomstange. In jedem Abschnitt wird zwischen Vorwärts- und Rückwärtslaufen gewechselt. Danach geht es mit einer Steigerung zurück zum Ausgangspunkt.

„Sprungerfahrung"

Material: Schaumstoffblöcke, Reifen

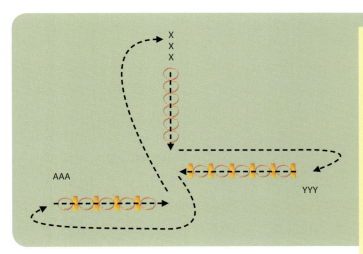

Beschreibung:

Alle Gruppen starten gleichzeitig. Gruppe X springt im Zweier-Wechsel einbeinig re-re-li-li-re-re-li-li usw. durch die Reifen und stellt sich bei Gruppe Y an. Gruppe Y springt beidbeinig über die Schaumstoffblöcke in die Reifen und stellt sich bei Gruppe A an. Gruppe A überspringt in einem Dreier-Wechsel über zwei Schaumstoffblöcke (re-re-re-li-li-li).
→ 3 Durchgänge
→ Übungen können variiert werden.

„Rhythmus-Parcours"

Material: Schaumstoffblöcke, Mini-Hürde, Markierungsteller, Slalomstangen

Beschreibung:

Die Schaumstoffblöcke werden mit schnellen Schritten überlaufen. Zwischen den Blöcken befindet sich eine Mini-Hürde. Diese wird beidbeinig übersprungen. Lockeres Traben bis zu den Slalomstangen. Diese werden umsprintet.

„Vielfältigkeits-Parcours"

Material: Hütchen, Schaumstoffblöcke, Reifen, Koordinationsleiter

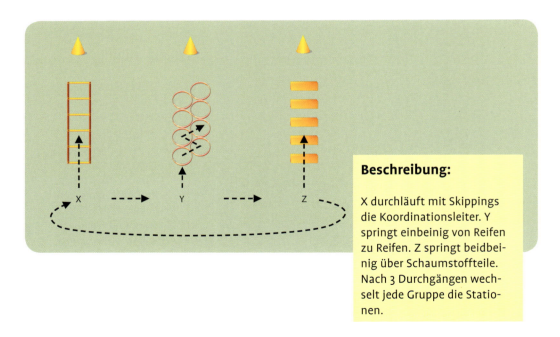

Beschreibung:

X durchläuft mit Skippings die Koordinationsleiter. Y springt einbeinig von Reifen zu Reifen. Z springt beidbeinig über Schaumstoffteile. Nach 3 Durchgängen wechselt jede Gruppe die Stationen.

6. Trainingsgestaltung und Stundenbilder

Auf den folgenden Seiten werden verschiedene Stundenentwürfe vorgestellt, die in einer Sportstunde oder Trainingseinheit genutzt werden können. Traditionell beinhaltet jeder Stundenentwurf eine Einstimmung, einen Hauptteil und einen Schlussteil.

Zu Beginn jeder Unterrichtseinheit steht die Einstimmung oder Erwärmungsphase. Sie hat die Aufgabe, die Athleten psychisch und physisch auf den Sport einzustimmen. Das Kreislaufsystem soll angeregt und das Muskel-Gelenk-System aktiviert werden. Es folgt der Hauptteil, welcher den Stundenschwerpunkt bildet. Für den Schlussteil kann Gelerntes in verschiedenen Spiel- und Wettkampfformen angewendet werden oder es folgt ein kurzes Ausklangspiel. Bei starker Betonung des Laufens im Hauptteil sind Entspannungsübungen oder ein lockeres Auslaufen ratsam.

In den folgenden Stundenbildern werden einzelne sportmotorische Inhalte methodisch-didaktisch aufgearbeitet. Die einheitliche und übersichtliche Darstellung verhelfen zu einer effektiven Vorbereitung und Durchführung der Sportstunde.

Aufbau einer Sportstunde

1. Einstimmung
   - Kleine Spiele
   - Warmlaufen
   - Dehnen
   - Spezielle Erwärmung (Elastizität)

2. Hauptteil
   - Erarbeitungsphase
   - Übungsphase
   - Wettkampfphase

3. Schluss
   - Reflexion
   - Auslaufen
   - Abschluss Spiel

Dehnen

Zu Beginn eines jeden Trainings muss der gesamte Organismus durch leichtes Herz-Kreislauftraining, wie Einlaufen oder Spiele, auf „Betriebstemperatur" gebracht werden. Um möglichen muskulären Verletzungen vorzubeugen und den Muskel optimal auf Belastungen vorzubereiten, ist es notwendig, die Spannung in der zu beanspruchten Muskulatur zu erhöhen. Dies erreicht man am besten, indem man in der Endposition der entsprechenden Dehnübungen 4–6 x leicht hineinfedert. Das Hineinfedern in die Muskulatur bewirkt eine optimale Ansprache der Spannungsrezeptoren im Muskel. Diese erhöhen bei federnden Bewegungen die Spannung in der Muskulatur und bereiten damit die Skelettmuskulatur optimal auf die Trainingsbelastung vor.

Grundregeln:

- Nie einen kalten Muskel dehnen
- Immer eine sichere Position suchen
- Von Kopf bis Fuß dehnen
- Dehnposition korrekt einnehmen
- Dehnposition korrekt ausführen – nicht ausweichen
- Während der Dehnung ruhig und gleichmäßig atmen

Dehnübungen ohne Trainingshilfen

„Dehnung der Nackenmuskulatur"

Im Stand den Kopf seitlich in Richtung Schulter ziehen. Gleichzeitig wird die entgegengesetzte Schulter nach unten in Richtung Boden gezogen.

„Dehnung der Oberarmrückenseite"

Im Stand wird kopfüber mit der rechten Hand an den Rücken gegriffen. Die linke Hand schiebt den rechten Ellenbogen weiter in Richtung Boden.

„Dehnung der Brustmuskulatur"

In Schrittstellung seitlich an die Wand stellen. Ellbogen und Unterarm an die Wand legen, so dass Ober- und Unterarm einen rechten Winkel bilden. Den Oberkörper leicht vom Arm weg in den Raum hineindrehen, bis die Dehnung der Brustmuskulatur gespürt wird.

„Dehnung der Oberarmvorderseite"

Seitlich in Schrittstellung an die Wand stellen. Der Arm wird nach hinten ausgestreckt und die Hand an der Wand fixiert. Nun den Oberkörper wegdrehen, bis eine Dehnung im vorderen Schultergelenk oder in der Ellenbeuge gespürt wird.

„Dehnung Wadenmuskulatur"

In der Schrittstellung wird das vordere Bein gebeugt und das hintere gestreckt. Beide Fersen bleiben auf dem Boden

„Dehnung der Oberschenkelinnenseite"

Im Stand sind die Beine weit gegrätscht. Dann das Körpergewicht auf eine Seite verlagern, wobei das Bein gebeugt wird. Das andere Bein ist gestreckt. Dabei den Oberkörper aufrecht halten.

„Dehnung der Oberschenkelvorderseite I"

Im Stand mit der Hand ein Bein am Knöchel fassen und zum Gesäß heranführen. Die Knie bleiben dabei auf einer Höhe, der Po und der Bauch sind fest angespannt. Die Dehnung ist im Bereich der Oberschenkelvorderseite des angewinkelten Beines spürbar.

„Dehnung der Oberschenkelvorderseite II"

Weiten Ausfallschritt nach vorne machen. Dabei soll das hintere Knie den Boden berühren und das vordere Bein gebeugt sein. Gewicht wird auf das vordere Bein verlagert. Mit der gegengleichen Hand wird zum hinteren Schienbein gepackt und die Ferse zum Gesäß gezogen. Im Becken nicht verdrehen und kein Hohlkreuz machen.

„Dehnung der Gesäßmuskulatur"

Auf den Boden setzen und das rechte Bein über das ausgestreckte linke Bein setzen. Der Oberkörper wird nach rechts gedreht und der linke Ellbogen zieht jetzt das rechte Knie an den Oberkörper ran.

„Dehnung der Oberschenkelrückseite"

Auf den Rücken legen. Ein Bein wird nach oben gestreckt und mit beiden Händen in der Kniekehle zum Oberkörper gezogen. Das Bein sollte gestreckt werden und das andere Bein vollständig auf dem Boden liegen bleiben.

Raum für eigene Ideen und Anmerkungen

Elastizität

Elastizität bildet zugleich den Stoßdämpfer und die Sprungfeder des menschlichen Körpers. Durch Elastizität wird das zentrale Nervensystem im Körper aktiviert und die Muskelfasern stimuliert, so dass sie schnell und effizient Antriebskraft entwickeln. Eine gute Elastizität mindert die Gefahr von Verletzungen. Elastizitätsübungen sind die ideale Mischung aus Stabilität, Mobilität, Flexibilität, Kraft, Gewandtheit und Gleichgewicht.

Elastizitätsübungen mit Trainingshilfen

Reifen

„Hüftdrehen"

Ziel: Beweglichkeit

In einen Reifen stellen. Die Schultern sind gerade und die Beine in einem 45 Grad Winkel. Nun wird die Hüfte schnell nach rechts und links bewegt. Dabei darf sich nur die Hüfte drehen und die Schultern bleiben stabil. Die Arme werden jeweils in die entgegengesetzte Richtung gedreht.

„Hüftschwung seitlich"

Ziel: Schnelligkeit, Gleichgewicht und Stabilität

Ein Fuß befindet sich in dem Reifen, der andere Fuß außerhalb des Reifens. Mit den Füßen auseinander, etwa zehn Zentimeter nach rechts und dann zehn Zentimeter nach links springen, so dass sich immer ein Fuß außerhalb und ein Fuß innerhalb des Reifens befindet. Hierbei geht es nicht um die Höhe, sondern um die Schnelligkeit.

„Hocksprung"

Ziel: Sprungkraft

Stand im Reifen. Die Füße weiter als hüftbreit aufgestellt, die Hände hinter dem Kopf verschränkt. Nach hinten zurücksetzen, bis die Oberschenkel parallel zum Boden sind. Der Rücken bleibt dabei gerade. Aus dieser Position nach oben springen und dabei Beine strecken. Weiche und abfedernde Landung.

„Teil-Sprung"

Ziel: Sprungkraft, Gleichgewicht

Schrittstellung im Reifen. Ein Bein befindet sich innerhalb, dass andere außerhalb. Dabei ist die Brust gerade, die Schulterblätter sind zurückgezogen und die Knie und Füße nach vorne ausgerichtet. In dieser Position in die Hocke gehen, bis das hintere Knie fast den Boden berührt. Jetzt schnell nach oben springen und die Arme dabei mit hochreißen. Beide Beine sind in der Luft gestreckt. Steigerung: In der Luft die Beine wechseln. Das hintere nach vorne und das vordere nach hinten.

Schaumstoffblock

„Einbeiniger Sprung über Block"

Ziel: Kräftigung Fußgelenke, Reaktion, Schnelligkeit

Mit einem Fuß parallel zum Schaumstoffblock stellen. Ein Fuß wird angehoben. Nun mit dem anderen mehrmals über den Schaumstoffblock springen. Danach diese Übung mit dem anderen Fuß ausführen.

„Weiter Seitensprung"

Ziel: Sprungkraft

Seitlich zum Schaumstoffblock stellen und den linken Fuß anheben. Mit dem rechten Bein leicht in die Hocke gehen. Dann einen großen Sprung seitwärts über den Block. Dabei sind das rechte Sprunggelenk und das Knie gestreckt. Landung auf dem linken Bein.

Mini-Hürde

„Seitwärts Sprung"

Ziel: Sprungkraft, Beschleunigung

Beidbeinig über die Mini-Hürde springen.
Mehrere Wiederholungen.
Steigerung: Wenn Platz vorhanden ist, im Anschluss einen kurzen Sprint von ca. 10 bis 15 m absolvieren.

„Hindernislauf"

Ziel: Koordination, Schnelligkeit

Drei Mini-Hürden etwa 60 cm auseinander auf den Boden stellen. Seitwärts über die Hürden laufen, ohne die Beine zu kreuzen. Immer wieder schnell die Laufrichtung wechseln.

6.1 Stundenbilder

Thema: Sprinttraining I

Übungsschwerpunkt: Sprint und Koordination

Material: Hütchen, Koordinationsleiter, Slalomstangen

Einstimmung: Schuhhockey

Es werden zwei Mannschaften gebildet. Alle Kinder ziehen einen Schuh aus und benutzen diesen als „Hockeyschläger". Ein Spielfeld wird abgegrenzt, z.B. ein Volleyballfeld. Als Tore dienen zwei Langbänke, die auf die Seite gelegt werden, so dass die Breitseite nach vorne zeigt. Es kann mit oder ohne Torwart gespielt werden. Ein Tennisball ersetzt den Puck.

➢ Dehnen

Hauptteil:

Übung 1

„Skippings seitwärts durch Reifen"

Material: Reifen

Beschreibung:

Durch 20 eng aneinander liegende Reifen werden Skippings seitwärts (2er Kontakt im Reifen) ausgeführt. Bei höchster Trittfrequenz auf dem Fußballen muss auf gute Knieführung und Körperstreckung geachtet werden. Die Arme unterstützen aktiv.

Übung 2

„Skippings vorwärts durch Reifen"

Material: Reifen

Beschreibung:

Skippings durch 20 eng aneinander liegende Reifen vorwärts. Ein Fußaufsatz pro Reifen. Auch hier auf höchste Trittfrequenz achten.
Wer schafft es, als schnellster vom ersten bis zum letzten Reifen?

Übung 3
„Von Frequenz zur Schrittlänge"

Material: Reifen

Beschreibung:

Die Reifenabstände werden gesteigert. Weiterhin auf hohe Frequenz achten. Der Lehrer entscheidet, wer mit welchen Abständen weiter macht. Eine Störung der Frequenz muss vermieden werden.
→ Frequenz vor Schrittlänge

Reifenabstände:
- 30 cm, 60 cm, 90 cm

Übung 4
„Wer berührt das Hütchen zuerst?"

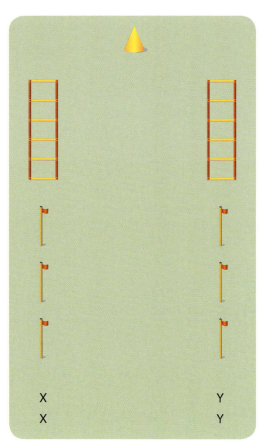

Beschreibung:

Auf Pfiff müssen die beiden Athleten so schnell wie möglich Slalom um die Stangen laufen. Danach mit schnellen, kleinen Schritten durch die Koordinationsleiter. Wer berührt zuerst das Hütchen?

Schluss: Lockeres Auslaufen kreuz und quer durch die Halle

Thema: Sprinttraining II

Übungsschwerpunkt: Sprint und Reaktion

Material: Hütchen, Markierungsteller, Reifen, Slalomstangen, Mini-Hürde

Einstimmung: Paarfangen
Es werden Zweiergruppen gebildet. Ein oder zwei Paare sind die Fänger. In einem gekennzeichneten Raum laufen alle Paare durcheinander. Die Fänger müssen versuchen, ein Paar zu fangen. Gelingt dies, erfolgt ein Rollentausch.

➢ Dehnen

Hauptteil:

Übung 1
„Hütchen umkreisen"

Material: Hütchen

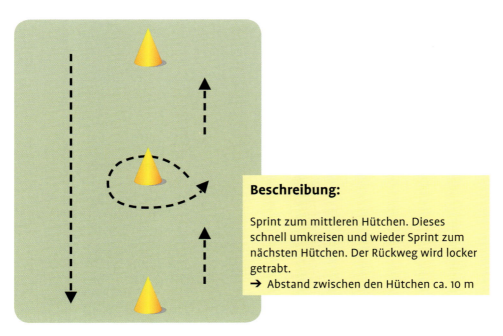

Beschreibung:

Sprint zum mittleren Hütchen. Dieses schnell umkreisen und wieder Sprint zum nächsten Hütchen. Der Rückweg wird locker getrabt.
→ Abstand zwischen den Hütchen ca. 10 m

Übung 2

„Lauf schneller"

Material: Hütchen

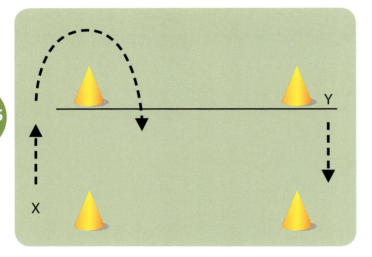

Beschreibung:

Streckenlänge zwischen 10 m und 15 m
Auf Pfiff sprintet Athlet X los und umkreist das Hütchen. Sobald er danach die Linie berührt, darf Y losrennen. Wer ist zuerst am anderen Hütchen.

Übung 3:

„Hütchenwald"

Material: Markierungsteller, Hütchen

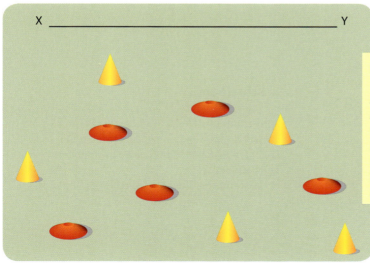

Beschreibung:

Auf Signal sprinten beide Athleten los. Jeder muss so schnell wie möglich 3 Markierungsteller und 3 Hütchen umkreisen. Wer ist als Schnellster wieder am Ausgangspunkt?

Übung 4:

„Sprint-Koordination"

Material: Mini-Hürden, Reifen, Slalomstangen, Markierungsteller

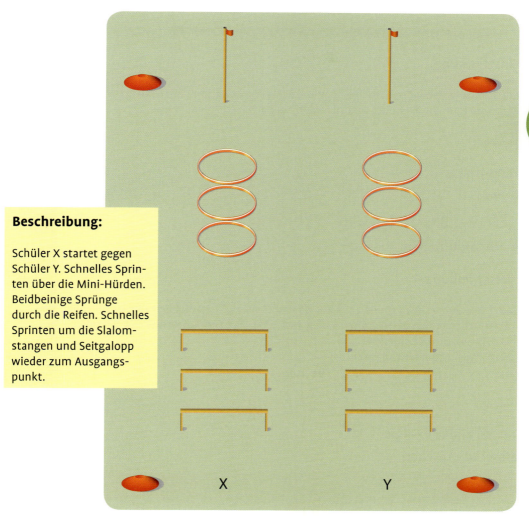

Beschreibung:

Schüler X startet gegen Schüler Y. Schnelles Sprinten über die Mini-Hürden. Beidbeinige Sprünge durch die Reifen. Schnelles Sprinten um die Slalomstangen und Seitgalopp wieder zum Ausgangspunkt.

Schluss: Lockeres Auslaufen kreuz und quer durch die Halle

Thema: Ausdauertraining I

Übungsschwerpunkt: Kondition

Material: Hütchen, Reifen, Koordinationsleiter, Mini-Hürden

Einstimmung:

Die Schüler laufen jeder für sich eine große Acht. Auf Anweisung des Lehrers laufen sie z.B. 2 x eine Acht vorwärts, dann 2 x eine Acht rückwärts, danach 1 x Hopserlauf etc.

➢ Dehnen

Hauptteil:

Übung 1

„Beschleunigung"

Material: Hütchen

Beschreibung:

Eine Strecke zwischen 15 und 20 Meter wählen. Zwischen den Hütchen wird beschleunigt und um die Hütchen herum einen großen Bogen auslaufen. Dann erfolgt wieder eine Beschleunigung.
→ 8 bis 10 Wiederholungen
→ Auf genügend Erholung achten

Übung 2

„Tempowechsel"

Material: Hütchen

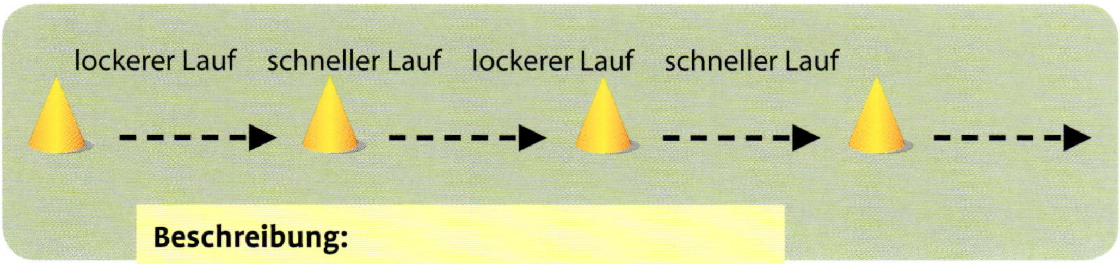

lockerer Lauf   schneller Lauf   lockerer Lauf   schneller Lauf

Beschreibung:

Im ersten Abschnitt erfolgt ein lockerer Lauf. Dann ein schneller Lauf und wieder ein lockerer Lauf usw.
→ Tempowechsel muss ersichtlich sein
→ Mehrere Wiederholungen
→ Abschnitte zwischen 10 und 15 m

Übung 3
„Kreuzlauf"

Material: Koordinationsleiter, Hürden, Reifen, Hütchen

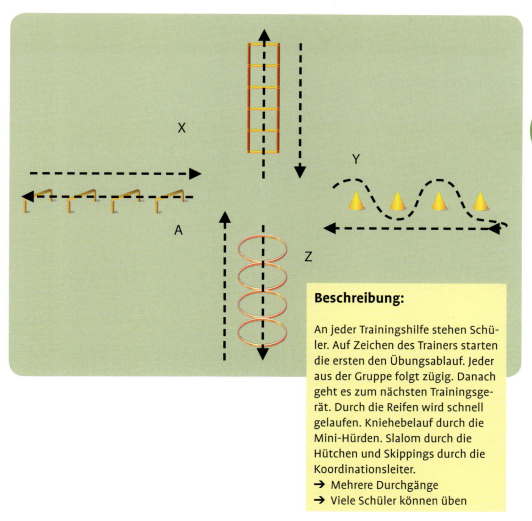

Beschreibung:

An jeder Trainingshilfe stehen Schüler. Auf Zeichen des Trainers starten die ersten den Übungsablauf. Jeder aus der Gruppe folgt zügig. Danach geht es zum nächsten Trainingsgerät. Durch die Reifen wird schnell gelaufen. Kniehebelauf durch die Mini-Hürden. Slalom durch die Hütchen und Skippings durch die Koordinationsleiter.
→ Mehrere Durchgänge
→ Viele Schüler können üben

Ausklang

„Handball-Kopfball"

Die Klasse wird in zwei Mannschaften aufgeteilt. Gespielt wird in der ganzen Halle, wobei die kompletten Längsseiten das Tor bilden. Jeder Spieler darf nur 3 Schritte (5 Schritte) mit dem Ball laufen. Tore dürfen nur mit dem Kopf erzielt werden. Dabei zählen keine Tore, wenn sich der Spieler den Ball selbst hoch geworfen hat.

Thema: Ausdauertraining II

Übungsschwerpunkt: Kondition

Material: Hütchen, Markierungsteller, Slalomstangen

Einstimmung: „Schätzlauf"

Die Kinder werden in 4er- bis 6er- Gruppen aufgeteilt. Der Lehrer gibt eine Zeitvorgabe z.B. 1:20 min. In der Gruppe laufen die Kinder los und nach eigenem Ermessen und Zeitgefühl hören sie auf zu laufen, wenn die Zeit vorbei ist. Alle anderen Gruppen hören auch auf und sagen eine Zeit z.B. 10 sec, die noch zu laufen gewesen wäre. Welche Gruppe hat das beste Zeitgefühl?

➢ Dehnen

Hauptteil:

Übung 1

„Satellit"

Material: Hütchen

Beschreibung:

Von einem zentralen Hütchen aus werden weitere Hütchen sternförmig und gleich weit entfernt aufgebaut. An jedem Hütchen stehen 4 Schüler. Jede Gruppe beginnt selbständig um das zentrale Hütchen zu laufen und dann jeweils alle anderen Hütchen zu umkreisen. Das Tempo bestimmt jede Gruppe selbst.
→ Teamarbeit
→ Achtung vor einem Zusammenprall
→ Geschwindigkeit ändern

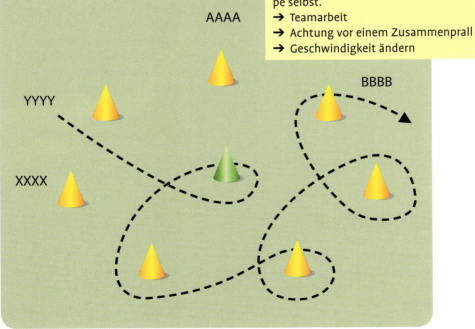

Übung 2
„Sternlauf"

Material: Markierungsteller

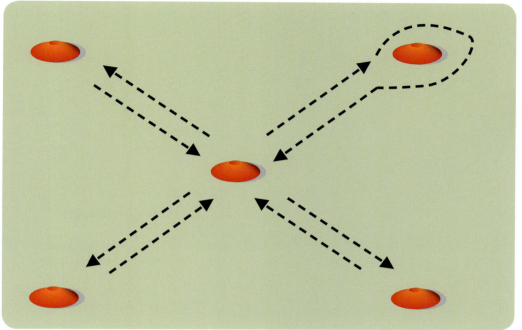

Beschreibung:

Auf Pfiff des Lehrers startet der Schüler aus der Mitte zu einem Markierungshütchen. Dieses wird umlaufen und es erfolgt der Rückweg. Danach zum nächsten Teller und wieder zurück usw.
→ Markierungsteller müssen umlaufen werden
→ Streckenlänge zwischen 10–15 m

Übung 3

„Laufwege"

Material: Slalomstangen

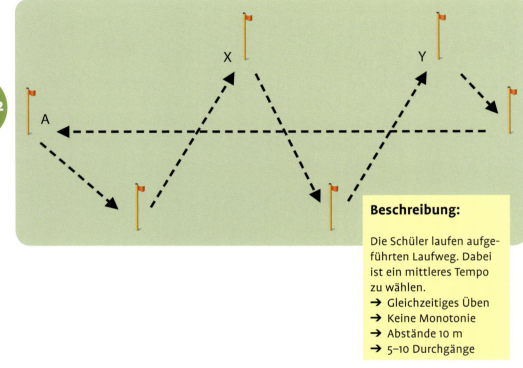

Beschreibung:

Die Schüler laufen aufgeführten Laufweg. Dabei ist ein mittleres Tempo zu wählen.
→ Gleichzeitiges Üben
→ Keine Monotonie
→ Abstände 10 m
→ 5–10 Durchgänge

Ausklang

„Fangen"

Alle Kinder laufen weg und müssen von zwei Fängern gefangen werden. Wer gefangen wird, hockt sich hin. Er kann von einem freien Kind befreit werden, indem dieses einen Bock-Sprung über das gefangene Kind macht. Nach zwei Minuten werden zwei neue Fänger bestimmt.

Thema: Reaktion I

Übungsschwerpunkt: Reaktionsfähigkeit und Schnelligkeit

Material: Hütchen, Mini-Hürden

Einstimmung: „Stein-Papier-Schere"

Bei diesem Spiel muss man vorher die Symbole „Stein" (geschlossene Faust), „Papier" (geöffnete Hand), „Schere" (zwei gespreizte Finger) und die Gewinnregeln „Papier deckt Stein", „Stein bricht Schere" und „Schere schneidet Papier" kennen. Man braucht zwei Teams, zwei Freizonen am Ende des Spielfeldes und eine Mittellinie. Jedes Team einigt sich leise auf ein Symbol. Beide Teams stellen sich entlang der Mittellinie auf, rufen im Rhythmus „Stein-Papier-Schere" und zeigen mit dem vierten Schlag ihr Symbol. Das Team, das gewinnt, beginnt unmittelbar mit der Jagd auf die Verlierer und versucht möglichst viele zu fangen, bevor sie die Freizone erreicht haben. Die Gefangenen werden nun Mitglieder der Sieger und spielen auf deren Seite mit.

➢ Dehnen

Hauptteil:

Übung 1

„180 Grad"

Material: Hütchen

Beschreibung:

Die Kinder stehen nebeneinander an der Grundlinie. Alle traben gemeinsam los, jeder in seinem Tempo. Auf Pfiff dreht sich jeder Schüler um 180° und sprintet so schnell wie möglich wieder zum Ausgangspunkt.

Übung 2

„Raus aus dem Liegestütz"

Material: Hütchen

Beschreibung:

Strecke 10 m bis 15 m
Auf Signal beginnen die Schüler auf der Startlinie mit 5 Liegestützen. Wer fertig ist, sprintet sofort los, um das Hütchen und wieder zurück.

Übung 3

„Wechselsprünge über Minihürde"

Material: Minihürden, Hütchen

Beschreibung:

Auf Zeichen des Lehrers führen die Schüler in ihrem Tempo 5 Wechselsprünge über eine Minihürde aus. Danach geht es sofort mit einem Steigerungslauf zum Hütchen. Es wird um das Hütchen gelaufen und mit einem Sprint zurück zur Grundlinie. Das jeweils nächste Trainingspaar beginnt mit der Übung, sobald die ersten ihre 5 Wechselsprünge abgeschlossen haben.

Übung 4

„Sprung-Sprint über Mini-Hürden"

Material: Mini-Hürden

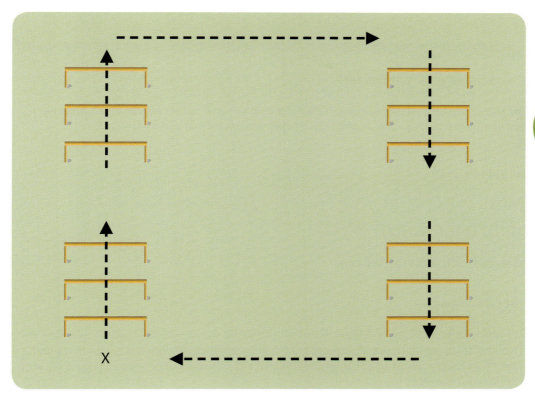

Beschreibung:

Über die Hürden beidbeinig springen. Im Zwischenabschnitt locker traben. Dann wieder 3 x über Mini-Hürden beidbeinig springen. Danach mit einem langen Sprint quer zu den nächsten Mini-Hürden. Beidbeinige Sprünge, lockeres Traben, beidbeinige Sprünge. Sprint zum Ausgangspunkt.
→ 3 Durchgänge
→ Abstand zwischen Mini-Hürden ca. 50 cm
→ Trab-Intervall 8–10 m

Ausklang:

2 Minuten lockeres Auslaufen. Falls eine Wiese vorhanden ist, sollten die Schüler dieses barfuß machen.

Thema: Reaktion II

Übungsschwerpunkt: Reaktionsfähigkeit und Schnelligkeit

Material: Hütchen, Schaumstoffblock, Koordinationsleiter, Markierungsteller

Einstimmung: „Schattenlauf"

Die Kinder werden partnerweise aufgeteilt. Einer läuft vor und macht verschiedene Bewegungs- und Laufformen vor. Der andere muss diese möglichst schnell und exakt nachmachen.

Hauptteil:

Übung 1

„Partner-Lauf"

Material: Schaumstoffblöcke

Beschreibung:

In einem Rechteck liegen wahllos verteilt Schaumstoffblöcke. Die Schüler laufen paarweise hintereinander in der Halle. Es soll versucht werden, möglich viele Schaumstoffteile zu überlaufen. Auf Pfiff versucht der hintere Schüler den vorderen einzufangen. Auf ein weiteres Signal hin wird der Versuch beendet.
→ Gleichstarke Partner bilden

Übung 2
„Auf den Trainer los"

Material: Koordinationsleiter, Hütchen

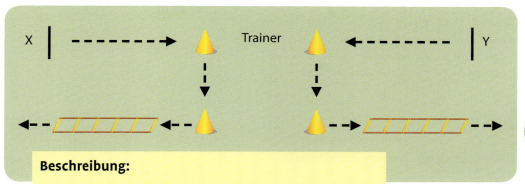

Beschreibung:

Auf Pfiff des Lehrers sprinten Schüler X und Schüler Y in Richtung Lehrer. Kurz vor dem Lehrer geht es am Hütchen ab und mit Skippings zum anderen Hütchen. Dann durch die Koordinationsleiter zurück zur Startlinie.
→ Die Sprintstrecke sollte ca. 10 m lang sein.
→ Skippingstrecke 5 m bis 8 m
→ Es kann auch ein Kniehebelauf, Anfersen etc. erfolgen
→ Übungen durch die Koordinationsleiter variieren!

Übung 3
„Rechts – Links"

Material: Markierungsteller

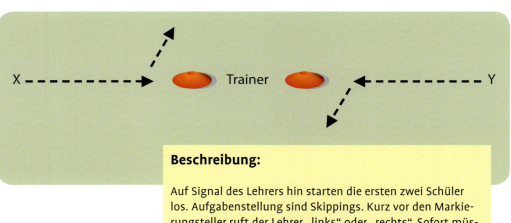

Beschreibung:

Auf Signal des Lehrers hin starten die ersten zwei Schüler los. Aufgabenstellung sind Skippings. Kurz vor den Markierungsteller ruft der Lehrer „links" oder „rechts". Sofort müssen die Schüler reagieren und die Bewegungsrichtung ändern. Es geht mit einem Sprint zurück zur Ausgangsstellung.

Ausklang:

„Fußgelenksgymnastik"
- Gehen mit Abrollen von der Ferse zum Fußballen
- Gehen mit Abrollen vom Fußballen zur Ferse
- Gehen auf dem Fußballen
- Gehen auf den Fersen
- Gehen auf der Fußinnenseite (keine X-Beine)
- Gehen auf der Fußaußenseite (keine O-Beine)
- Rückwärts gehen mit Abrollen der Füße

→ Alle Übungen werden auf Socken oder barfuß durchgeführt.

Raum für eigene Ideen und Anmerkungen

Thema: Koordination I

Übungsschwerpunkt: Koordinationsfähigkeit

Material: Hütchen, Reifen, Markierungsteller, Koordinationsleiter, Mini-Hürden

Einstimmung: „Laufen um die Hütchen"

Viele Hütchen werden beliebig im Spielfeld verteilt. Alle Schüler bewegen sich im Raum mit folgenden Aufgaben:
- Jedes Hütchen muss einmal vorwärts umlaufen werden.
- Jedes Hütchen muss einmal rückwärts umlaufen werden.
- Jedes Hütchen mit Hopserlauf, Anfersen, Stepphüpfen etc. umlaufen
- Eine Acht um zwei Hütchen laufen

→ Dehnen

Hauptteil:

Übung 1

„Reifenparcours A"

Material: Reifen

Beschreibung:

Durch die Reifen laufen. In die mittleren Reifen werden beide Beine gesetzt. In die linke Reifenbahn der linke Fuß und in die rechte Reifenbahn der rechte Fuß. Anschließend wird ein Sprint zum Hütchen gemacht.

Übung 2

„Reifenparcours B"

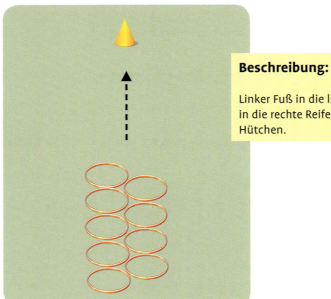

Beschreibung:

Linker Fuß in die linke Reifenbahn und rechter Fuß in die rechte Reifenbahn. Anschließend Sprint zum Hütchen.

Raum für eigene Ideen und Anmerkungen

Übung 3

„Koordinations-Parcours"

Material: Markierungsteller

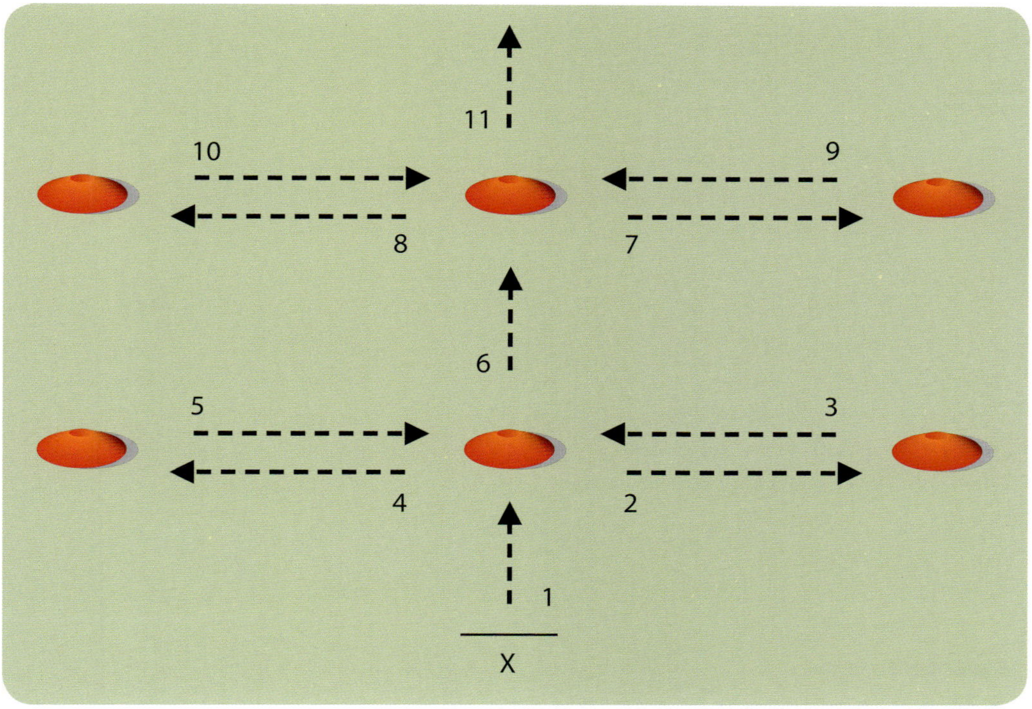

Beschreibung:

1 + 6 = Sprint
2 + 7 = Skippings
3 + 8 = Kniehebelauf
4 + 9 = Anfersen
5 + 10 = rückwärts laufen

Ein Kind startet mit einem Sprint zum Markierungsteller. Dann erfolgt zur Seite eine Bahn Skippings. Zurück der Kniehebelauf. Wieder seitwärts anfersen und dann rückwärts laufen. Jetzt beginnt der nächste Abschnitt. Wieder ein Sprint, dann Skippings usw.
→ Auf eine korrekte Ausführung achten!
→ Übungen können variiert werden.
→ Viele Kinder können gleichzeitig üben.

Übung 4

„Koordinationslauf"

Material: Mini-Hürde, Hütchen, Koordinationsleiter

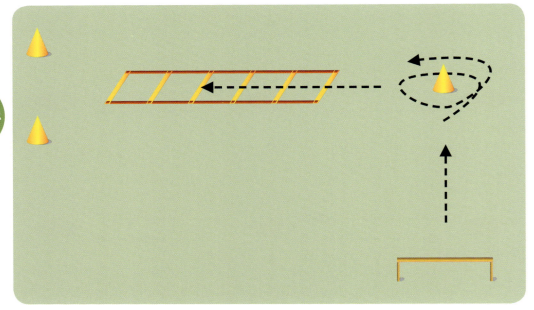

Beschreibung:

Der Schüler führt 6 Wechselsprünge über die Mini-Hürde aus. Danach erfolgt ein Sprint zum Hütchen. Einmal das Hütchen umkreisen und direkt mit kleinen Schritten durch die Koordinationsleiter.
➔ Gestartet wird links neben der Hürde.
➔ 10 m Sprintstrecke

Ausklang: „Förderband"

Die Kinder bilden Gruppen zwischen fünf und sieben Spielern. Das Team versucht, einen Spieler gemeinsam, so dass alle beteiligt sind, über einen vorher festgelegten Spielraum zu befördern. Originalität und Standfestigkeit sind gefragt!

Thema: Koordination II

Übungsschwerpunkt: Koordinationsfähigkeit

Material: Koordinationsleiter

Einstimmung: „Fuchs und Ente"

Die Kinder setzen sich paarweise auf den Boden. Ein Kind ist der Hase, das andere Kind die Ente. Der Fuchs versucht, die Ente zu fangen. Sobald Gefahr droht, setzt sich die Ente direkt neben ein Paar auf den Boden. Das äußere Kind steht auf und wird zum Fuchs. Der Fuchs ist jetzt Ente. Wird die Ente gefangen, wird sie zum Fuchs.

→ Dehnen

Hauptteil:

Übung 1

Lauf-Übungen

Material: Koordinationsleiter

„Vorwärtsläufe"

- Koordinationsleiter vorwärts mit einem Fußkontakt durchlaufen
- Koordinationsleiter mit zwei Fußkontakten pro Feld durchlaufen
- Sprint zur Leiter und dann mit einem Fußkontakt durch die Leiter
- Sprint zur Leiter und dann mit doppeltem Fußkontakt durch die Leiter
- Sprint erfolgt nach dem Durchlaufen mit einem Fußkontakt durch die Leiter
- Sprint erfolgt nach dem Durchlaufen mit doppeltem Fußkontakt durch die Leiter
- Kombination: Sprint – Laufen durch die Koordinationsleiter - Sprint

„Rückwärtsläufe"

- Koordinationsleiter rückwärts mit einem Fußkontakt durchlaufen
- Koordinationsleiter mit zwei Fußkontakten pro Feld durchlaufen
- Sprint vorwärts zur Leiter und dann rückwärts mit einem Fußkontakt durch die Leiter
- Sprint vorwärts zur Leiter und dann rückwärts mit doppeltem Fußkontakt durch die Leiter
- Sprint vorwärts erfolgt nach dem rückwärts Durchlaufen mit einem Fußkontakt durch die Leiter
- Sprint vorwärts erfolgt nach dem rückwärts Durchlaufen mit doppeltem Fußkontakt durch die Leiter
- Kombination: Sprint vorwärts – rückwärts Laufen durch die Koordinationsleiter – Sprint vorwärts

„Seitwärtsläufe"

- Mit zwei Fußkontakten pro Feld wird die Leiter seitlich durchlaufen.
- Mit Überkreuzen der Beine wird die Leiter mit einem Fußkontakt pro Feld durchlaufen.

Übung 2

Sprung-Übungen

Material: Koordinationsleiter

„Beidbeinige Sprünge"

- Koordinationsleiter beidbeinig vorwärts Feld für Feld durchspringen
- Koordinationsleiter beidbeinig rückwärts Feld für Feld durchspringen
- Koordinationsleiter beidbeinig seitwärts Feld für Feld durchspringen
- Koordinationsleiter beidbeinig durchspringen und dabei von Feld zu Feld jeweils eine 90°-Drehung vollziehen
- Koordinationsleiter beidbeinig durchspringen und dabei von Feld zu Feld jeweils eine 180°-Drehung vollziehen

„Einbeinige Sprünge"

- Koordinationsleiter einbeinig vorwärts Feld für Feld durchspringen
- Koordinationsleiter einbeinig rückwärts Feld für Feld durchspringen
- Koordinationsleiter einbeinig seitwärts Feld für Feld durchspringen
- Koordinationsleiter einbeinig durchspringen und dabei eine Sprungfolge absolvieren (z.B. links – links – rechts – rechts)

→ Mit jedem Bein die gleiche Anzahl von Sprüngen machen
→ Wichtig bei allen Übungen mit Koordinationsleiter sind lange und erholsame Pausen!

Ausklang: Lockeres Auslaufen. Am besten Barfuß auf einer Wiese.

Thema: Zirkeltraining I

Übungsschwerpunkt: Koordination und Kondition

Material: Koordinationsleiter, Hütchen, Markierungsteller, Slalomstangen, Mini-Hürden, Reifen, Schaumstoffblock

Einstimmung: „Abtupfen"

Drei bis vier Fänger bekommen einen Schaumstoffblock. Die Fänger versuchen, die anderen Kinder abzutupfen (Berührung mit dem Block). Wer berührt wurde, ist neuer Fänger. Wenn der Trainer pfeift, bekommen diejenigen, die gerade nicht Fänger sind, einen Punkt. Es werden mehrere Runden gespielt. Wer besitzt zum Schluss die meisten Punkte?

➢ Dehnen

Hauptteil:

Die Gruppe wird in 4er- oder 6er-Gruppen aufgeteilt. Die Athleten üben an jeder Station ca. 2 bis 3 Minuten. Danach wird im Uhrzeigersinn gewechselt, so dass jeder Schüler an jede Station kommt. Bei vielen Lauf- und Sprungübungen muss auf Pausen geachtet werden. Bei dem Kreisbetrieb hat der Lehrer/Trainer die Möglichkeit, von Gruppe zu Gruppe zu gehen und Trainingstipps bzw. Korrekturen zu geben.

Übung 1

„Sprintparcours"

Material: Minihürde, Koordinationsleiter, Hütchen

Beschreibung:

Die Schüler laufen hintereinander über die Hürden und auf dem Rückweg durch die Koordinationsleiter.
→ Übungen durch die Koordinationsleiter variieren
→ Einbeinig
→ Beidbeinig raus-rein
→ Zweierkontakt links-rechts---links rechts

Übung 2

„Koordinationstraining mit Reifen"

Material: Reifen, Hütchen

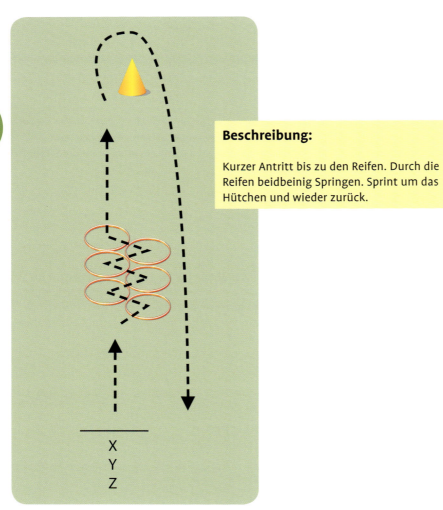

Beschreibung:

Kurzer Antritt bis zu den Reifen. Durch die Reifen beidbeinig Springen. Sprint um das Hütchen und wieder zurück.

Übung 3
„Dreieck-Lauf"

Material: Hütchen, Mini-Hürden, Schaumstoffblöcke

Beschreibung:

Schüler A läuft über die Hürden, C läuft über die Schaumstoffblöcke und B absolviert einen Sprint. Danach läuft A zu den Schaumstoffblöcken, B durch die Minihürden und C macht einen Sprint usw.

Übung 4
„Rhythmus-Parcours"

Material: Schaumstoffblöcke, Mini-Hürde, Markierungsteller, Slalomstangen

Beschreibung:

Die Schaumstoffblöcke werden mit schnellen Schritten überlaufen. Zwischen den Blöcken befindet sich eine Mini-Hürde. Diese wird beidbeinig übersprungen. Lockeres Traben bis zu den Slalomstangen. Diese werden umsprintet.

Ausklang: Reflektion über die Übungen: Was war gut, was weniger?

Thema: Zirkeltraining II

Übungsschwerpunkt: Koordination und Kondition

Material: Hütchen, Slalomstangen

Einstimmung: „Schlangenlauf"

Etwa 4 bis 6 Spieler bilden eine Schlange und halten sich dabei an der Hüfte fest. Die ganze Reihe bewegt sich im Gleichschritt vorwärts. Auf Pfiff des Lehrers wird die Fortbewegungsart geändert. Zum Beispiel: mit Hopserlauf, schnell, langsam, rückwärts.

➢ Dehnen

Hauptteil:

Die Gruppe wird in 4er- oder 6er-Gruppen aufgeteilt. Die Athleten üben an jeder Station ca. 2 bis 3 Minuten. Danach wird im Uhrzeigersinn gewechselt, so dass jeder Schüler an jede Station kommt. Bei vielen Lauf- und Sprungübungen muss auf Pausen geachtet werden. Bei dem Kreisbetrieb hat der Lehrer/Trainer die Möglichkeit, von Gruppe zu Gruppe zu gehen und Trainingstipps bzw. Korrekturen zu geben.

Übung 1

„Hütchenskippings"

Material: Hütchen

Beschreibung:

Die Schüler führen einen Kniehebelauf durch die Hütchen durch. Abstand ca. 60 cm.

Übung 2

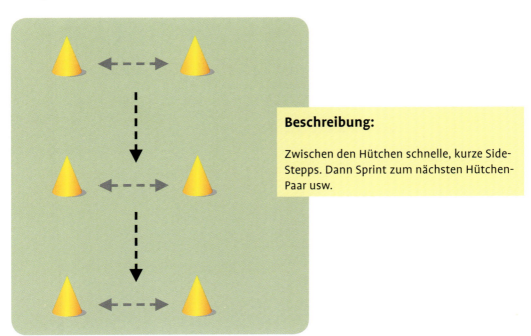

Beschreibung:

Zwischen den Hütchen schnelle, kurze Side-Stepps. Dann Sprint zum nächsten Hütchen-Paar usw.

Übung 3:
„Vorwärts-Rückwärts"

Material: Slalomstangen

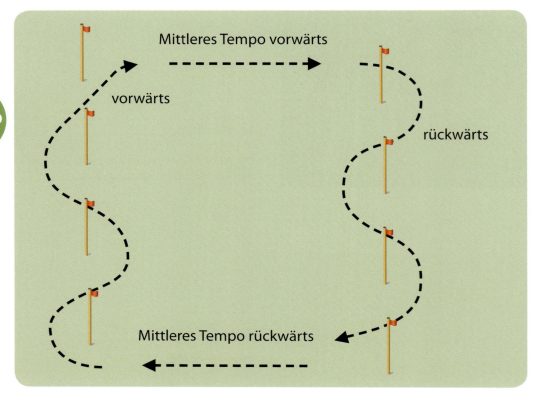

Beschreibung:

Wechsel zwischen Vorwärtslaufen und Rückwärtslaufen um die Slalomstangen.

Übung 4:
„Vierecke laufen"

Material: Hütchen

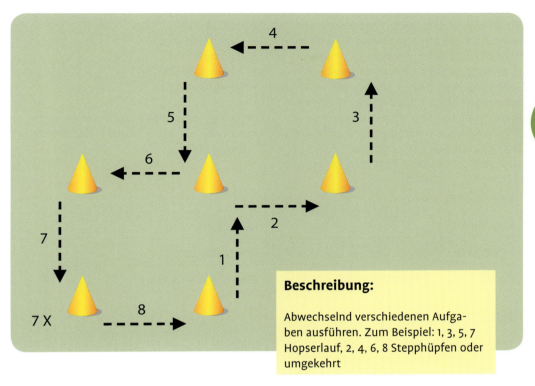

Beschreibung:

Abwechselnd verschiedenen Aufgaben ausführen. Zum Beispiel: 1, 3, 5, 7 Hopserlauf, 2, 4, 6, 8 Stepphüpfen oder umgekehrt

Ausklang: Lockeres Auslaufen

6.2 Variationen und kreatives Handeln

Kreativität, Teamfähigkeit, Kommunikationsfähigkeit und selbständiges Arbeiten sind Qualifikationen, die schon frühzeitig gefördert werden müssen.
Die Schule hat dabei einen besonderen Stellenwert und gerade das Fach Sport eignet sich besonders gut dafür, diese Kompetenzen zu entwickeln. Somit sollten im Sportunterricht Bedingungen geschaffen werden, bei denen die Schüler mehr Eigeninitiative zeigen können.
Einen möglichen Beitrag dazu leistet das Selbsterfinden von Trainingsinhalten. Dem Reiz des Gekonnten als des Neuen muss Raum gelassen werden. So kann verhindert werden, dass die Schüler durch gleichförmige Sportstunden demotiviert werden.
Um eine neue Übung zu erfinden, muss der Inhalt der Übung definiert sein. Dazu zählen:
- Trainingsziel
- Trainingsstruktur
- Trainingshilfen
- Trainingsgruppen
- Trainingsaktionen

Im Folgenden werden einige Vorschläge gemacht, die jederzeit verändert und erweitert werden können.

Mögliche Trainingsziele sind:

Rhythmus	Reaktion
Kondition	Koordination
Rhythmus und Kondition	Freies Trainingsziel

Mögliche Trainingshilfen sind:

Schaumstoffblöcke	Slalomstange
Reifen	Koordinationsleiter
Mini-Hürden	

Mögliche Trainingsgruppen sind:

Partner	Gegner
Staffel	3er-Gruppe
4er-Gruppe	Frei

Mögliche Trainingsstrukturen sind:

Reihe	Viereck
Dreieck	Kreis
Sternförmig	Freie Struktur

Mögliche Trainingsaktionen sind:

Sprint	Hopserlauf
Skippings	Kniehebelauf
Anfersen	Langsames Laufen

Für die Aufteilung eignen sich farbige Karteikarten, die im Schreibwarenladen erhältlich sind. Die Karten werden gemischt und die Schüler ziehen aus jeder Rubrik eine Karte. Aus diesen fünf Anhaltspunkten sollen nun eigenständig neue Übungseinheiten entwickelt werden.

Am besten teilt man die Klasse in Gruppen auf. In einem bestimmten Zeitlimit wird eine Übung ausgearbeitet, die dann im Anschluss den anderen Gruppen präsentiert und gemeinsam durchgeführt wird.
Danach erfolgt ein gemeinsames Feedback.

Raum für eigene Ideen und Anmerkungen

Literaturverzeichnis

Bechheim, Yvonne:
„Koordination – die Basis aller Bewegungen". In: Leichtathletik Training 5/2008

Bechheim, Yvonne:
„Erfolgreiche Kooperationsspiele" , 2. Auflage, Limpert Verlag 2008

Bechheim, Yvonne:
„Leichtathletik für Kinder", Limpert Verlag 2008

Hirtz, Peter:
„Koordinative Fähigkeiten im Schulsport", Volk und Wissen Verlag 1985

Moosmann, Klaus:
„Erfolgreiche Koordinationsspiele", Limpert Verlag 2006

Verstegen, Marc:
„Core Performance", Riva Verlag 2007